O EU
E SEUS INSTRUMENTOS DE
EXPRESSÃO

Angela Maria La Sala Batà

O EU
E SEUS INSTRUMENTOS DE EXPRESSÃO

Tradução
PIER LUIGI CABRA

EDITORA PENSAMENTO
São Paulo

Título do original:
Il Sé e i suoi strumenti di espressione

Copyright © 1991 – Casa Editrice Nuova Era – Roma.

Edição	Ano
1-2-3-4-5-6-7-8-9-10	94-95-96-97-98

Direitos de tradução para a língua portuguesa
adquiridos com exclusividade pela
EDITORA PENSAMENTO LTDA.
Rua Dr. Mário Vicente, 374 – 04270-000 – São Paulo, SP – Fone: 272 1399
que se reserva a propriedade literária desta tradução.

Impresso em nossas oficinas gráficas.

Sumário

1. Objetivo da encarnação do Eu 7
2. Personalidade e individualidade 15
3. Os veículos do Eu 23
4. O corpo físico-etérico (1ª parte) 31
5. O corpo físico-etérico (2ª parte) 39
6. O corpo astral ou emotivo 47
7. O corpo astral durante o sono e depois da morte 55
8. O corpo mental 65
9. Os níveis superiores do mental 73
10. Purificação e aperfeiçoamento dos instrumentos do Eu 81
11. O caminho da ação consagrada (ou Karma-Ioga) 89
12. O caminho da sublimação das emoções (ou Bhakti-Ioga) 97
13. O caminho do conhecimento (ou Jnana-Ioga) 105
14. O caminho da síntese (ou Ioga Integral) 115
15. Do IV ao V Reino 123

Bibliografia 129

Capítulo 1

Objetivo da Encarnação do Eu

Reza o Baghavad Gita:

"Tendo permeado o Universo com uma parte de mim mesmo, Eu permaneço, inalterado, livre, eterno."

Essas palavras, que pretendem expressar sinteticamente a misteriosa relação entre o Absoluto Transcendente e a Divindade Imanente, poderiam aplicar-se também ao homem, em quem o Eu é ao mesmo tempo transcendente e imanente, universal e individual.

Antes de prosseguir, talvez seja oportuno lembrar o que entendemos com o termo *Eu*, a fim de evitar confusões e interpretações errôneas.

O Eu é a centelha divina do homem, a sua essência, o seu verdadeiro Ser, eterno e imortal. É aquela realidade interior que no decorrer dos tempos sempre foi admitida e reconhecida, não só pelas religiões, mas por todas as tradições esotéricas, embora designada com termos e nomes diferentes, como, por exemplo (só para citar alguns):

Alma

Eu Superior

Atman

Ishvara

Genius

Anjo Solar

Ego Superior

Eu Sou

Mônada

Grande Homem

Qualquer que seja o nome dado a esse aspecto do homem, ele pretende indicar um eu mais profundo e real do ser humano, dotado de características divinas e elevadas, superiores às que o homem vivencia habitualmente no seu eu cotidiano. É exatamente para distingui-lo desse eu superficial que tanto os orientais quanto muitas escolas espirituais do Ocidente preferiram chamá-lo de "Eu", termo que indica um estado de consciência que, conquanto individual, transcende os limites da personalidade egoísta e separativa.

O Eu, portanto, é o Verdadeiro eu do homem, o seu Ser Real, emanado do próprio Absoluto, e por isso é uma centelha divina que conserva no nível microcósmico todas as propriedades e atributos do macrocosmo.

Para compreender bem isso, devemos remontar ao momento da manifestação, quando o Absoluto, saindo do seu estado de *pralaya* (repouso, imobilidade, silêncio...) faz emanar de Si o universo e cria as miríades de "centelhas", também chamadas "mônadas", que, no futuro, serão seres humanos conscientes e individualizados. "...Eu me multiplicarei e nascerei" (reza o *Chanda Upanishad*). Essas palavras significam justamente que não há separação entre o uno e os muitos, entre Deus e a infinita variedade e multiplicidade de seres e formas.

A energia divina criadora emanada do Absoluto cria em seu movimento de expansão descendente (involução) os diversos planos da manifestação, cada vez mais densos e pesados, até chegar à matéria física, e depois, remontando o arco ascendente (evolução), forma os diversos reinos da natureza: mineral, vegetal, animal e humano.

Quando o reino humano emerge, entretanto, ocorre algo de novo, um maravilhoso e importante evento: a formação de uma entidade individualizada e autoconsciente.

A centelha divina encontrou enfim o seu instrumento de expressão, a forma adequada à qual se unirá para revelar através dela suas energias, faculdades e potencialidades divinas, e realizar o seu propósito.

Todo o longo caminho através dos outros reinos da natureza, a proliferação de miríades de formas, parece culminar na forma humana, a última (pelo menos até hoje) produzida pelo esforço evolutivo da matéria. E, de fato, não surgiram outras formas depois do homem.

Todavia, a evolução não parou. A evolução continua.

Às ocultas, secretamente, algo continua a mover-se, a crescer, a evoluir, não mais, porém, no plano material, no plano exterior, e sim no plano da consciência.

Doravante, a evolução do reino humano estará marcada pelo desenvolvimento da consciência, uma vez que a centelha divina, o Eu, encarnou.

Como dissemos de início, porém, o Eu não encarnou de todo. Ele emitiu, como o Absoluto ao criar a manifestação, uma parte de si mesmo, um raio próprio, e com ele vivificou a forma humana, criando ao mesmo tempo, com suas próprias energias, um veículo de expressão para cada plano da manifestação: aqueles que são chamados nas ciências esotéricas os "corpos", os "invólucros", ou, em sânscrito, *Uphadi*.

O Eu, portanto, é ao mesmo tempo transcendente e

imanente, como o Absoluto, que "com uma parte de si mesmo permeou o universo, embora conservando-se livre, inalterado, eterno".

Nesse processo criativo podemos ver simbolicamente a tríade universal Pai, Mãe e Filho, que repete em cada nível a sua obra.

A centelha divina, o Eu transcendente, representa o Pai, o primeiro Aspecto, que simbolicamente se une à Mãe (a forma material), fecunda-a, introduzindo nela uma semente Sua, e dessa união nasce o Filho, o Eu imanente, que se revela como autoconsciência. De fato, a consciência do eu, ou autoconsciência, é prerrogativa exclusivamente humana. Só o homem tem consciência de si, se auto-reconhece, sabe que existe e se sente fechado em um "eu" que, sendo embora uma limitação e encerrando conseqüências aparentemente negativas, é o invólucro necessário, a prisão que permite à centelha divina *tomar consciência* de si por meio da limitação. "Sem limitação não há consciência", diz Annie Besant em seu livro *Um Estudo sobre a Consciência,* já que a consciência do eu não pode surgir sem a oposição do não-eu. E essa consciência é indispensável para um novo despertar da consciência, já que, mediante ulteriores desenvolvimentos, ela fornecerá o "ponto de apoio" para o Eu realizar os seus objetivos.

O nível evolutivo representado pelo reino humano tem, portanto, um significado profundo e central no grande esquema cósmico da evolução, visto que está marcado por um evento de valor fundamental: a passagem da Alma grupal do reino animal para a alma individual.

"... Esse desenvolvimento da individualidade constitui um dos objetivos mais importantes, talvez até o fim supremo do grande drama cósmico, uma vez que o princípio da individualidade, da autoconsciência, constitui a base de desenvolvimentos ulteriores maravilhosos, que só podemos vislumbrar vagamente, numa grande luz de glória, imaginando grandes centros espirituais capazes de estender de forma indefinida sua própria consciência, sem contudo perder a consciência e os poderes de sua individualidade e capazes, portanto, de ser cooperadores e executores conscientes, inteligentes e voluntariosos, numa escala cada vez mais ampla da Vontade Divina no plano Cósmico." (R. Assagioli.)

Esta é uma verdade que devemos ter sempre em mente se quisermos compreender o destino do homem e o objetivo da encarnação da centelha divina: o Eu.

Cumpre remeter-nos ao que dizem as antigas doutrinas esotéricas, que chegaram até nós por via da tradição iniciática, para entender, inclusive de um ponto de vista prático e, diria eu, quase técnico, como pode formar-se e manter-se a consciência individual do Eu.

No momento em que o Eu toma posse de uma forma humana, antes de mais nada ele se está revestindo de um invólucro extremamente sutil de matéria do plano mental superior, chamado Corpo Causal, de onde emanam outros invólucros e corpos cada vez mais densos, um para cada plano da manifestação. Formam-se assim um corpo mental, um corpo astral ou emotivo e um corpo físico com uma contrapartida etérica ou vital.

O Corpo Causal perdura mesmo depois da morte da pessoa e constitui a sua "individualidade", enquanto os outros três corpos, que compõem a personalidade humana, se dissolvem no final da vida física sucessivamente, em tempos diferentes, como veremos com maiores detalhes nos próximos capítulos.

Todavia, resta algo da personalidade e dos três corpos que a compõem, uma vez que, vida após vida, todos os nossos atos produzem lenta e progressivamente alguns desenvolvimentos e amadurecimentos e se transformam em conhecimento, em sabedoria, em diversas faculdades e consciência e são, digamos assim, absorvidos pelo Corpo Causal. Nenhum esforço, nenhum êxito, nenhuma luta, nenhum amadurecimento interior, por mínimo que seja, se perde. Tudo fica "gravado", assimilado pelo Corpo Causal, que se organiza, se fortalece e se "individualiza" cada vez mais, tornando-se mais luminoso, amplo e poderoso e fornece ao Eu uma capacidade cada vez maior de expressar-se e revelar-se.

Além disso, no momento da morte física resta de cada corpo pessoal um "átomo permanente", espécie de condensação do grau evolutivo alcançado, que é absorvido pelo Eu no Corpo Causal.

Entretanto não devemos esquecer, ao estudar essa complexa constituição interior do homem, que na verdade ele é *uno,* a despeito de sua aparente multiplicidade, porque é sempre o Eu, a centelha divina que cria os seus instrumentos de expressão com suas próprias energias e, ao criá-los, os torna adequados ao nível em que devem funcionar.

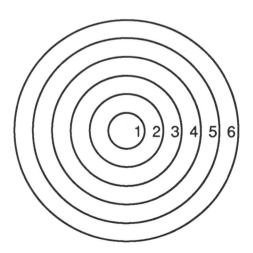

Sri Aurobindo chama a esses três corpos inferiores os "modos do Eu", e com essa expressão nos faz entender a sua natureza.

Na realidade, o homem é uma unidade na multiplicidade, porém deve reencontrar e reconstruir essa unidade ao longo de sucessivas fases de integração e desidentificação que lhe permitem descobrir o centro unificador, a verdadeira consciência, o seu verdadeiro eu, ao redor do qual giram todos os veículos de expressão.

O esquema mais adequado para entendermos essa realidade é o seguinte:

1. O Eu;
2. O Corpo Causal ou Mental (ou Superior);
3. O Corpo mental inferior (ou concreto);
4. O Corpo astral ou emotivo;
5. O Corpo físico-etérico;
6. O Corpo físico denso.

O homem costuma identificar-se com o corpo mais externo, o físico (n. 6), e vive na periferia da verdadeira consciência. Está descentralizado e, portanto, deve "remontar" pouco a pouco na direção de seu centro, conhecer gradualmente os diversos níveis do seu ser, os seus corpos sutis, aprender a vê-los como realmente são: instrumentos do Eu, veículos de expressão formados por energias que têm uma funcionalidade precisa.

O caminho é longo e são necessárias muitas vidas antes que o homem, como o filho pródigo da parábola evangélica, possa "regressar à Casa do Pai" rico em experiência e sabedoria; mas esse caminho, se for trilhado com plena consciência e total adesão interior, não só se torna menos cansativo e difícil, como se transforma em alegria e opulência e nos dá a única felicidade verdadeira, a felicidade do "crescimento", como lhe chama Teilhard de Chardin.

Assim, para encerrar este primeiro capítulo, podemos dizer que o objetivo principal da encarnação do Eu é tornar-se consciente de si mesmo, transformando cada experiência vivida pela personalidade em consciência e sabedoria e criar para si uma individualidade capaz de desempenhar uma tarefa mais ampla em favor da humanidade, a serviço do Plano Divino. As chamadas "iniciações" nada mais são que ampliações de consciência graduais e sucessivas, que revelam ao homem um novo aspecto do grandioso trabalho a ser feito, e no qual cada ser, cada centelha divina tem a sua parte a cumprir.

Capítulo 2

Personalidade e Individualidade

O que ficou dito no capítulo anterior pode dar a impressão de que é o Eu que evolui. Por isso, faz-se mister esclarecer que, sendo uma centelha do Absoluto, o Eu já é perfeito e completo em si mesmo e não tem necessidade de evoluir, de progredir. Na realidade, o que evolui, o que cresce é o Seu aspecto consciência.

Como já dissemos, a parte do Eu que encarna, que se encerra nos veículos da personalidade, evolui ao longo de um processo de crescimento e despertar lento e progressivo, até chegar ao auto-reconhecer.

A energia divina do Eu autolimita-se ao imergir na matéria, mas não se dispersa, não se anula. A muito custo, inconscientemente, ela tende a retornar à origem de onde veio e, remontando através da matéria dos diversos planos, "transforma-a em consciência".

É exatamente isso que o querem dizer as palavras de Sri Aurobindo:

"A evolução é uma lenta transformação da energia em consciência."

A personalidade, que é o conjunto de três veículos (físico-etérico, emotivo e mental), constitui simbolicamente a matriz, a Mãe, onde a semente do Eu cresce e progride, dela recebendo seu alimento.

Todavia, a evolução da consciência é muito lenta e gradativa, e não pode acontecer de maneira rápida e regular enquanto a personalidade também não estiver formada, organizada e integrada.

Na verdade, os veículos da personalidade também passam por um amadurecimento e uma evolução que ocorrem paralelamente, e às vezes independentemente, a partir do desenvolvimento da consciência do Eu.

Esse desenvolvimento é muito moroso e inconsciente nas primeiras encarnações e, de início, revela-se apenas como consciência do eu, como autoconsciência, porém no seu aspecto mais negativo de separatividade, egoísmo, fechamento... Além disso, há uma completa identificação dessa consciência do eu com os veículos pessoais e não raro com o corpo físico.

Portanto, a evolução do homem em suas primeiras vidas é sobretudo uma formação, uma organização e qualificação de corpos pessoais que de um estado inicial bruto, amorfo, não-organizado, confuso, passam a adquirir qualidades, faculdades, sensibilidades e se delineiam e organizam em decorrência das várias experiências e eventos da vida e dos contatos com o mundo exterior.

Essa evolução dos corpos pessoais, entretanto, por acontecer enquanto o Eu, o verdadeiro Eu, ainda está latente e inconsciente, pode levar ao desenvolvimento de características e tendências negativas, ou seja, permeadas de egoísmo, orgulho, ambição, desejo.

A personalidade, ou seja, o conjunto dos três corpos, pode

chegar a um grau relativamente avançado de formação e integração, só que sob a orientação, não do eu verdadeiro, do Eu, mas de um "eu" falso e construído que é essencialmente uma força, quase uma entidade independente. É como se houvesse uma idade da personalidade e uma idade da Alma, entendendo-se por Alma a consciência do Eu imanente.

Na verdade, existem pessoas dotadas de uma personalidade forte, eficiente e organizada, que têm êxito na vida mas são imaturas do ponto de vista interior e espiritual.

Isso acontece sobretudo com as pessoas extrovertidas, cuja energia vital está toda voltada para fora, para o mundo objetivo, em busca de experiências, de ação, de conhecimento da realidade exterior.

Às vezes pode acontecer o oposto. Pode ocorrer um grande desenvolvimento interior, uma sensibilidade ao mundo subjetivo e abertura de consciência decorrentes de uma ou de mais vidas dedicadas ao misticismo, à interioridade, à introversão, ao recolhimento, e ao mesmo tempo uma personalidade carente, deficitária, não-desenvolvida e bruta. É o caso dos introvertidos.

A meta é o desenvolvimento global do homem, tanto do ponto de vista da consciência do Eu quanto do ponto de vista dos veículos pessoais, uma vez que o Eu precisa de uma personalidade bem-formada e desenvolvida para poder utilizá-la plenamente.

Tal meta, contudo, não é alcançada por um caminho direto e fácil, mas por uma trilha tortuosa, difícil, indireta, semeada de lutas, crises, perigos, ilusões e condicionamentos a serem superados.

Por essa razão, é preciso saber quais são as eventuais fases desse desenvolvimento interior e distinguir entre as diversas manifestações da nossa complexa natureza humana para compreender quais delas provêm do Eu, ou seja, da nossa individualidade, e quais, ao contrário, se originam na personalidade.

Desenvolvemo-nos com base em duas diretrizes paralelas, que muitas vezes se alternam: uma objetiva, exterior, outra subjetiva, interior; devemos tomar consciência de que vivemos no dualismo entre o nosso verdadeiro ser, o eu real, e o eu pessoal, que, embora construído e ilusório, é forte e organizado.

Nas primeiras vidas esse dualismo é inconsciente, porque o eu real, o Eu, é de todo latente e entorpecido; aos poucos, entretanto, ele se torna cada vez mais manifesto e consciente, e tem início um período de alternâncias durante o qual prevalece ora a personalidade, ora a individualidade, até que essas duas forças se confrontam e principia, então, o conflito decisivo.

Muito embora esse dualismo tenha sido criado ilusoriamente pela nossa identificação com os instrumentos pessoais, é puramente teórico afirmar que somos "unos" porque na prática agimos como se fôssemos "dois" e todo o nosso caminho evolutivo, até o momento da completa identificação com o Eu, é marcado pelo dualismo, pelo conflito e atrito entre duas forças opostas: a da personalidade e a da individualidade.

Ainda assim esse dilacerante dualismo é inevitável e, aliás, necessário, uma vez que "antes de poder unir é preciso dividir", como diz Alan Watts, ou seja, é preciso passar pela experiência da divisão, do conflito, da separação, para então poder reencontrar *conscientemente* a unidade.

Para se alcançar mais facilmente essa meta, é útil conhecer a constituição interior do homem, começar a entender a natureza das energias que agem e circulam nele e aprender a distinguir entre os impulsos que procedem do Eu, e aquilo que, ao contrário, é uma manifestação alterada, distorcida, falseada de um dos veículos da personalidade.

O conhecimento das características, qualidades e funções específicas de cada um dos corpos pessoais, embora de início seja apenas teórico, nos ajudará a desenvolver gradativamente uma das qualidades mais importantes para o nosso crescimento interior: o discernimento.

Essa qualidade capacita o homem a não cair nas ilusões, nas falsas identificações, a saber distinguir entre o que é pessoal, factício, falso (ou seja, proveniente do eu pessoal), e o que é real (ou seja, proveniente do Eu). Permite-lhe desenvolver a sensibilidade e a intuição para entender a diferença entre a verdadeira e a falsa consciência.

O desenvolvimento da capacidade de discernir e sua utilização constituem a primeira fase do lento processo de reunificação interior, da superação do dualismo aparente entre o Eu e os seus veículos, e corresponde à necessidade de "dividir" antes de reunir. Na realidade, o discernimento não divide em dois a "essência fundamental", que é a mesma tanto na individualidade quanto na personalidade. Ele distingue o verdadeiro do falso, o autêntico do ilusório, e ajuda a reencontrar a "essência" em meio às infra-estruturas, às falsas construções, aos hábitos e automatismos, que não têm uma realidade e consistência efetivas.

Os veículos pessoais não são "falsos" em si mesmos, não são "impuros" em sua essência — são falsos e impuros na medida em que são condicionados e usados erroneamente.

"A impureza é um erro funcional", diz Sri Aurobindo. Devemos, pois, descobrir a *verdadeira* função de cada um dos veículos, para utilizar as suas energias na direção correta e fazer com que se tornem o que realmente são: instrumentos de expressão do Eu.

Cada um dos corpos da personalidade é um reflexo de um dos aspectos do Eu.

Segundo as doutrinas esotéricas, o Eu tem três aspectos:

Vontade;
Amor;
Inteligência Criativa.

Em sânscrito:

Atma;
Buddhi;
Manas.

Estes, por sua vez, correspondem e são o reflexo no microcosmo dos três aspectos da Divindade, presentes em todas as religiões, a saber:

Pai	Vontade	Atma
Filho	Amor	Buddhi
Espírito Santo	Inteligência Criativa	Manas

Essa triplicidade divina do Uno reflete-se, portanto, no homem, conferindo ao Eu individual três aspectos, três qualidades que, por sua vez, se refletem na personalidade, dando vida a três corpos, ou veículos de expressão, como segue:

Corpo mental	Vontade (1º aspecto)	Pai
Corpo astral (ou emotivo)	Amor (2º aspecto)	Filho
Corpo físico-etérico	Inteligência Criativa (3º aspecto)	Espírito Santo

Através da evolução gradativa da consciência, o homem deve descobrir essas ligações e reconduzir os seus veículos à sua função correta. Deve compreender que construiu inconscientemente na personalidade automatismos, hábitos e "erros funcionais" por não ter consciência de sua verdadeira natureza e identificou-se com um "eu" ilusório, criando em si um dualismo e uma separação entre a individualidade ainda latente e a personalidade de superfície.

O trabalho é longo, difícil e cheio de obstáculos, porque a personalidade, embora feita de hábitos, automatismos e condicionamentos, se estabilizou e quase se consolidou sobre esses erros, tornando-se uma entidade separada, conquanto ilusória, que resiste continuamente às tentativas de mudar de direção.

Urge trabalhar com constância e persistência e ir a fundo para erradicar esses hábitos, desmascarar os condicionamentos, dispersar as névoas das ilusões e reconduzir gradativamente as energias dos veículos à sua verdadeira função.

Assim, como primeiro passo para tornar-nos senhores das energias dos corpos pessoais, para entender as leis que delas resultam, suas peculiaridades, e começar a desmantelar a construção falsa e cristalizada que nos limita, que nos impede de ser nós mesmos e de realizar a verdadeira tarefa dos instrumentos de expressão do Eu, é necessário conhecer minuciosamente a estrutura oculta do homem.

Capítulo 3

Os Veículos do Eu

Para compreender a complexa estrutura oculta do homem, é preciso conceber o indivíduo como um ser que vive contemporaneamente em várias dimensões. Na realidade, como ensina o esoterismo, elas constituem planos de "matéria" cada vez mais sutil e são dotadas de corpos compostos da matéria de cada um desses planos.

Somente o corpo físico denso é visível e perceptível por meio dos sentidos físicos. Os outros corpos (incluindo a contrapartida etérica do corpo denso) são invisíveis, e apenas quem tem a clarividência ou uma sensitividade particular pode percebê-los.

Devemos conceber esses corpos como fundidos uns com os outros e ocupando todos o mesmo espaço.

Se tivéssemos que fazer um modelo da constituição oculta do homem, ele deveria representar os nossos corpos como se tivessem uma constituição esponjosa.

"Assim como uma esponja é impregnada pelo ar, pela água e pelos componentes químicos de seu ambiente, também os nossos corpos o são pela 'matéria' sutil dos planos superiores." (Arthur Osborn: *O Sentido da Existência Pessoal,* p. 143.) Portanto, não é exato falar em planos ou níveis, que criam a sensação de uma gradualidade no espaço, já que na dimensão interior o espaço, tal como o concebemos no plano físico, não existe. Usamos esses termos inexatos na falta de palavras adequadas para expressar e descrever os mundos hiperfísicos, que talvez seria melhor definir como *níveis de consciência* ou graus de energia.

Todavia, os mundos interiores e os veículos relativos, embora não ocupem nenhum espaço no sentido que damos comumente ao termo, e se fundam com o corpo físico, são constituídos cada qual por um tipo de substância ("matéria") diferente e têm qualidades, características e funções bem precisas.

Utilizamos propositalmente o termo *matéria* para referirnos aos corpos e aos planos sutis porque na realidade qualquer tipo de manifestação de vida é "matéria" diante do Eu.

O termo *matéria,* entretanto, não encerra nenhum juízo negativo ou depreciativo, mas tão-somente uma qualificação.

Matéria (da raiz *mater* = mãe) indica o aspecto feminino, receptivo, passivo da manifestação, a matriz inconsciente que recebe em seu seio a energia do Espírito, do Eu, que representa o aspecto masculino, ativo e consciente da manifestação.

Dessarte, toda a personalidade, com os seus três corpos, diante do Eu, do Espírito, é matéria, pois representa o pólo receptivo, feminino, a Mãe, que oferece à consciência do Eu o ambiente ideal para crescer, formar-se, realizar-se.

Feito este breve parêntese, voltemos aos corpos sutis e tentemos definir um pouco melhor a "matéria" que os compõe.

Tudo é energia, mesmo a matéria física, tanto assim que, se consideramos o corpo no nível eletrônico, ele nada mais é que um campo eletromagnético; sua solidez, estabilidade e compacticidade são puramente ilusórias.

"Com efeito, o corpo deve ser considerado como 'vazio', semelhante a um sistema solar em miniatura, como elétrons que orbitam num espaço relativamente enorme..." (De *O Espelho da Vida e da Morte,* de L. Bendit.)

Quase todos nós vivemos no mundo físico, ignorando totalmente sua base atômica e baseando-nos apenas nos dados que os cinco sentidos nos transmitem.

Mesmo os corpos sutis podem ser concebidos como campos eletromagnéticos, porque também eles se compõem de energia. Na realidade, tudo é energia num nível vibratório diverso, desde a matéria física visível até o Espírito; portanto, poderíamos definir o homem como "uma estrutura de ondas estacionárias submetida a crescimento e desenvolvimento constantes. O modelo torna-o objetivo no mundo das coisas e deriva a sua forma de uma imensa complexidade de forças e energias, que atuam umas sobre as outras em todos os níveis...". (L. Bendit, *op. cit.*)

O próprio corpo físico é um conjunto de diversas energias, a saber:

a) energias químicas;
b) energias bioelétricas.

Os demais veículos também se compõem de energias e são considerados corpos porque têm certa forma e certa extensão — como, por exemplo, um feixe de luz. Todavia, assemelham-se mais a campos de energia porque não são estáticos, mas se encontram em contínuo movimento e fluxo.

Importa considerar que, além da energia, todos os corpos sutis têm um aspecto a que poderíamos chamar *psicológico,* ou seja, qualidades, características e manifestações que em seu conjunto poderiam constituir o que a psicologia chama de "psique" do homem.

De fato, a psique não é nem o físico nem o espiritual, mas aquele aspecto subjetivo do homem que expressa seus estados de espírito, suas modificações psíquicas, seus pensamentos... Em outras palavras, é o conjunto do corpo emotivo e do corpo mental, observado do ponto de vista psicológico. Em verdade, no homem comum esses dois corpos sutis funcionam quase sempre misturados, influenciando-se reciprocamente, e por essa razão certas escolas esotéricas os consideram como integrantes de um único corpo, com dois aspectos: um emotivo e outro intelectual. É o *kama-manas* dos orientais, que se pode considerar como a psique dos psicólogos ocidentais.

Com o tempo, o homem aprende a usar esses dois corpos de forma distinta, reconhecendo-lhes as respectivas funções, libertando a mente de influências emotivas e o corpo emotivo de condicionamentos mentais. Trata-se de uma forma de "purificação" necessária (da raiz sânscrita *pur,* que significa livre de misturas), que permitirá ao indivíduo utilizar as suas capacidades e energias de maneira ordenada, consciente e harmônica.

Conforme dissemos no capítulo anterior, cada um dos corpos da personalidade corresponde a um aspecto do Eu. Por isso devemos reconhecer-lhes a funcionalidade particular, o tipo de energia que querem expressar e suas respectivas qualidades e características.

Nem mesmo do corpo físico conhecemos o verdadeiro fim e utilidade, que não são os que costumamos imaginar, mas outros, que se revelarão depois do despertar da consciência do Eu. Todavia, desde já podemos conceber melhor sua verdadeira função e natureza se o virmos como o precipitado final de uma condensação gradativa da energia divina e como o símbolo de uma realidade que ainda está por ser descoberta.

Segundo as doutrinas esotéricas, cada um dos corpos do homem subdivide-se em sete subplanos ou níveis vibratórios. O sete é um número que encerra profundo significado oculto, a ponto de ser encontrado em todos os níveis da manifestação e sob infinitos aspectos. Não nos podemos deter aqui para aprofundar esse assunto, mas aconselhamos os interessados a compulsar os diversos livros esotéricos disponíveis para encontrar ensinamentos e explicações sobre o simbolismo do número sete.

No início do caminho evolutivo, os corpos de um determinado indivíduo não vibram em todos os sete níveis, mas apenas nos primeiros dois ou três, ou melhor, nos últimos dois, pois do ponto de vista espiritual se começa a contar do alto. Assim, o subplano número 7 de um corpo é o mais baixo.

Diz-se que o Eu só pode entrar em contato com um veículo pessoal se este vibrar do primeiro ao quarto subplano. Em outras palavras, não pode haver sintonia vibratória entre o Eu e os veículos da personalidade situados abaixo do quarto subplano.

Se quisermos traduzir em termos psicológicos o que dissemos acima, poderemos dizer que cada um dos veículos sofre um processo de amadurecimento e purificação que se expressa em qualidades e características que vão das mais baixas e limitadas às mais altas e nobres.

Por exemplo, o corpo emotivo pode exprimir ódio, paixão egoísta, ira, inveja, ciúme (e, isso significa que ele vibra no sétimo, sexto e quinto subplanos), ou então simpatia, compaixão, amor, devoção, etc. (e isso significa que ele vibra no quarto, terceiro, segundo e primeiro subplanos).

Assim, o corpo mental pode exprimir orgulho intelectual, preconceitos, fanatismo, dogmatismo, criticismo, etc., vibrando nos subplanos mais baixos, ou então (à medida que se purifica) objetividade, clareza de idéias, sabedoria, capacidade de síntese e de análise, inteligência.

O corpo físico-etérico também pode ser mais ou menos puro e ter vibrações mais ou menos elevadas, dependendo de o indivíduo ainda estar ligado a desejos e instintos animalescos, ser sensual e bruto, escravo das sensações, ou então de estar livre da escravidão dos instintos e ser capaz de usar as energias físicas de modo sadio e puro.

A matéria densa também passa por uma purificação e evolução lenta e gradativa determinada pela progressiva transformação da energia material em consciência.

De fato, segundo as doutrinas esotéricas, o corpo físico-etérico de uma pessoa muito evoluída, ainda que por fora pareça igual ao dos outros indivíduos, tem uma constituição atômica diferente. Cristo, por exemplo, havia alcançado "o corpo glorioso" (como diz São Paulo), ou seja, um corpo formado por um tipo de matéria refinada e pura que irradiava vibrações benéficas e elevadas e tinha aptidões e propriedades diferentes das de todos os outros seres humanos.

Na dualidade físico-etérico a função mais importante é a do corpo etérico, que constitui a parte vital e eletromagnética do físico denso. As ciências esotéricas afirmam, aliás, que o verdadeiro corpo físico não é aquele que vemos, que não passa de um robô, de uma máquina, mas o corpo etérico (ou duplo etérico, como muitos lhe chamam), que é o meio de ligação com outros corpos sutis e até mesmo com o Eu.

Falaremos mais detidamente a esse respeito no próximo capítulo, com o qual tem início a análise pormenorizada de cada um dos três corpos da personalidade. Nestes três primeiros capítulos quisemos lançar as premissas necessárias para melhor se compreender o verdadeiro objetivo dos três veículos de expressão do Eu nos planos da manifestação e para não se perder de vista o elo que une a nascente divina onde esses veículos foram formados e vitalizados e as suas características e faculdades, conquanto tal elo deva ser, em certo sentido, reconstruído e depois utilizado conscientemente. Além disso, quisemos ressaltar que Espírito e Matéria (*Purusha* e *Prakriti,* como se diz em sânscrito) são ambos aspectos do Uno, do Absoluto de que emanaram, e, portanto, ambos são divinos, apesar de na dimensão espaço-temporal terem funções diferentes, ou melhor, complementares.

Devemos tornar-nos conscientes, mediante o estudo e a análise da nossa complexa constituição oculta, dessa relação com o Uno e também dos aspectos de nós mesmos que nos parecem mais materiais, brutos e limitados, primeiro descobrindo os condicionamentos, as impurezas, os "erros funcionais" que se instauraram nos veículos, para depois superar a nossa identificação inconsciente com eles e, dessa maneira, reconduzilos à sua correta função. É oportuno ter sempre em mente que nós, seres humanos, representamos o microcosmo que reflete em si o macrocosmo e que, por conseguinte, seguimos as mesmas grandes leis universais que regulam a manifestação.

Alguns versos do poema oculto "As estâncias de Dzyan", citados pela Sra. Blavatsky em *A Doutrina Secreta,* e que se referem à manifestação universal, podem muito bem aludir à constituição oculta do homem:

"O Pai-Mãe tece uma tela da qual a extremidade superior está presa ao Espírito-Luz da Escuridão Una e a inferior ao seu obscuro fim, a Matéria, e esta é a Tela do Universo entretecida pelas duas substâncias em uma."

Também no homem há uma "tela do meio" (os corpos sutis, a psique) que é entretecida "pelas duas substâncias em uma", ou seja, pelo Eu (Espírito-Luz) e pela Matéria (corpo físico = "seu obscuro fim"), porque é "criatura de ambos".

Assim, o trabalho de estudar a composição esotérica do homem, e de tornar-nos cada vez mais cônscios dela tem o objetivo específico de fazer-nos compreender como tudo o que existe em nós no nível pessoal e cada parte de nós próprios, mesmo a mais pesada... "não tem como meta final algo totalmente estranho, de que derive a necessidade da sua extinção, mas algo supremo, em que transcendemos e reencontramos nosso próprio absoluto, nosso infinito, nossa harmonia, para além de todos os limites humanos". (Sri Aurobindo: *A Síntese da Ioga,* Vol. II.)

Capítulo 4

O Corpo Físico-Etérico (1ª parte)

Embora constitua o invólucro mais exterior e mais pesado do Eu, o corpo físico-etérico tem grande importância para Sua manifestação e realização total. Sem ele, a centelha divina individualizada não poderia desenvolver uma experiência completa e tornar-se consciente de si mesma. Assim sendo, é necessário conhecer a fundo a verdadeira natureza e a estrutura complexa desse veículo que tem um aspecto dual, ou seja, é composto de uma parte densa, visível, e de uma parte energética, invisível.

Como dissemos, todos os corpos do homem são constituídos por sete níveis, ou subplanos, e o mesmo ocorre com o corpo etérico, que se compõe dos sete níveis seguintes:

1) sólido
2) líquido
3) gasoso

4) etérico
5) superetérico
6) subatômico
7) atômico

Os três primeiros níveis constituem a parte densa, visível, do corpo físico, e os outros quatro a parte sutil, invisível, energética, chamada "corpo etérico" ou "duplo etérico". Não nos deteremos na parte densa e visível, cujo estudo é objeto da anatomia e da fisiologia, mas na sua contrapartida invisível, o corpo etérico, que é, na realidade, mais importante e determinante para a vida do homem, muito embora sua existência ainda não tenha sido reconhecida pela ciência oficial. Entretanto, mais adiante veremos que começa a se delinear uma abertura nessa direção, em decorrência de pesquisas e experiências feitas por alguns estudiosos.

O corpo etérico tem duas funções principais:

a) é um veículo de energia vital (*prana*, em sânscrito) que dá vida, força e saúde à contrapartida densa;

b) é um veículo de ligação com os outros corpos sutis do homem, com o Eu e com os demais planos da manifestação e do cosmos.

O *Tratado de Magia Branca*, de A.A. Bailey, diz:

"*Intermediário cósmico* é o termo dado ao corpo etérico, que constitui parte e veículo do éter universal. De fato, é através do corpo etérico que fluem todas as energias, quer emanem da *Anima*, do Sol ou de um planeta. Ao longo dessas linhas vívidas de essência de fogo passam todos os contatos que não emanam especificamente do mundo tangível." (p. 124, Ed. Bocca.)

A primeira função é a mais conhecida. De fato, para quem tem apenas um conhecimento superficial das doutrinas esotéricas, o corpo etérico não passa da contrapartida bioelétrica do corpo físico denso e é um veículo de energia vital (*prana*).

Todavia, é útil deter-nos por um momento nessa função. Como veículo de vitalidade, o corpo etérico tem propriedades, características e manifestações bem precisas e uma estrutura e configuração que vale a pena conhecer. Ele penetra o corpo denso preenchendo todos os espaços interatômicos e constitui a força de coesão que conserva unidos todos os átomos. Ressai da forma física em dois ou três centímetros, formando a aura vital ou aura da saúde de uma pessoa, invisível ao olho comum, mas perceptível para quem possui a clarividência etérica. A aura vital surge como uma luminosidade difusa, de cor branco-azulada, que envolve o corpo denso irradiando sob a forma de raios muito sutis.

Quando uma pessoa goza de boa saúde e está cheia de vitalidade e vigor, os raios da aura mostram-se retos e luminosos, enquanto numa pessoa cansada, doente e debilitada esses raios se apresentam trêmulos, pouco luminosos e dobrados para baixo, como se pode ver nas duas figuras da p. 34.

O corpo etérico tira vitalidade e energia do grande reservatório universal de *prana* constituído pelo Sol, pelos planetas, pela Terra, pelo ar, pelo éter cósmico... através de um centro localizado perto do baço, chamado "centro esplênico", que tem como função precípua receber e transmitir energia vital para o corpo denso.

O corpo etérico está estritamente ligado ao corpo físico denso e nunca o abandona, nem mesmo durante o sono. Apenas no momento da morte (e em certos casos específicos) ele se separa do veículo físico.

Os casos específicos em que pode acontecer temporariamente uma separação do corpo etérico em relação ao corpo físico são os seguintes:

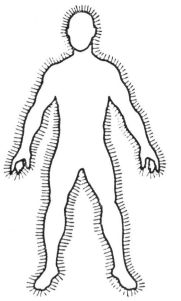
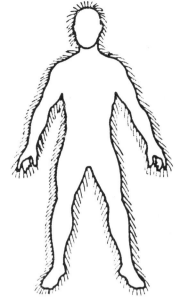

Fig. 1 – Aura de uma pessoa vitalizada e em gozo de boa saúde.

Fig. 2 – Aura de uma pessoa desvitalizada e doente.

a) a mediunidade;
b) a anestesia;
c) os desmaios.

O primeiro caso ocorre na mediunidade com "transe" (sono mediúnico), durante o qual o médium se "desdobra", ou seja, sai do corpo denso com o seu corpo etérico, sem todavia ter consciência disso, permitindo assim que outra entidade se aposse de seu veículo físico.

Durante a anestesia ocorre igualmente um desdobramento com saída do corpo etérico, mas não total. Uma parte dele permanece no corpo denso para mantê-lo vivo.

Algo de semelhante ocorre também no caso de desmaios e colapsos. Em outras palavras, sempre que há uma perda dos sentidos, isto significa que o corpo etérico abandonou, ainda que parcial e temporariamente, o corpo físico denso.[1] Mencionamos o fato de que a ciência oficial, conquanto não admita explicitamente a existência desse "duplo" vital do corpo material, começa a mostrar alguma abertura nessa direção e até a cogitar na existência de um "corpo" invisível do homem. Isso ocorreu em decorrência da invenção da "câmara de Kirlian", um aparelho fotográfico especial idealizado pelo casal russo Semyon e Valentina Kirlian e capaz de fotografar a irradiação luminosa emitida por objetos, plantas, homens, animais, etc. Essa invenção, como se sabe, despertou o interesse de muitos estudiosos de todo o mundo e hoje em dia muitos são os que a experimentam e aperfeiçoam.

Por não se conhecer com exatidão a natureza da irradiação luminosa fotografada, foram-lhe conferidos nomes diversos — por exemplo "bioplasma", nome dado pelo próprio casal Kirlian, ou "campo estruturador de formas", dado pelo engenheiro eletrônico brasileiro Rodrigues, um dos muitos que se apaixonaram pelo fenômeno. Seja qual for o nome que se dê a essa irradiação, todos concordam em considerá-la como a prova da existência de uma energia desconhecida que emana das coisas vivas e lhes dá a vida, invisível a olho nu, mas extremamente poderosa e real, a ponto de ser considerada determinante para o corpo físico visível e dotada de seu próprio campo eletromagnético.

Outras provas, menos evidentes mas interessantes, da existência do corpo etérico podem ser encontradas em outras manifestações, como, por exemplo, no caso da amputação de uma parte do corpo sem o conhecimento do paciente e da qual este ainda sente a "presença" e tem "sensibilidade". Pode passar um período de tempo relativamente longo antes que o doente deixe de "sentir" dor na parte que *não mais existe,* e isso poderia levar a supor que a contrapartida etérica da parte amputada continua a sofrer enquanto não se dissolver por completo.

Outra prova de existência do corpo etérico poderia ser o fato de às vezes, na presença de algumas pessoas, nos sentirmos desvitalizados ou, pelo contrário, ainda mais vitalizados, pois no nível etérico há entre as pessoas um contínuo intercâmbio de energias prânicas. De fato, um dito popular afirma que não se deve deixar as crianças ou os adolescentes dormirem no mesmo quarto onde dormem pessoas doentes ou muito velhas, pois o corpo etérico do doente ou do velho, por ser mais fraco e menos vitalizado, pode "vampirizar" o corpo etérico da criança ou do adolescente, muito mais forte e carregado de *prana...*

Não se trata de superstições, pois cada um de nós pode ter tido experiência da realidade desse fato.

Mas não nos devemos preocupar com isso, pois existe o "grande reservatório universal" de energia vital, ao qual todos podemos recorrer se soubermos, com atitudes adequadas, abrirnos para ele.

Por essa razão, a purificação do corpo etérico é muito importante não só para dar vitalidade e saúde ao corpo físico visível, mas também, e sobretudo, para instaurar uma relação mais cômoda e contínua com os corpos mais sutis e com as dimensões mais elevadas da manifestação.

Com esta última frase chegamos ao segundo aspecto sob o qual se pode considerar o corpo etérico: o de "ponte" com os outros níveis de vida. Esse é, em certo sentido, o aspecto mais importante desse veículo, aspecto que se revela gradativamente ao homem à medida que ele avança ao longo do caminho do progresso interior.

A vitalidade e a energia prânica constituem apenas o aspecto genérico, a função mais exterior do corpo etérico, mas a sua função mais importante deriva do fato de ser ele percorrido por um número infinito de energias provenientes de todos os níveis e até do cosmos.

Cada estado de espírito, cada pensamento influi sobre o corpo físico por via do veículo etérico, que recebe energias do plano astral e do plano mental e as transmite ao soma. Se forem negativas, essas energias se traduzem no físico em mal-estares, perturbações e até doenças. Além disso, elas qualificam a nossa aura, que se irradia no ambiente ao nosso redor.

Se estivermos num estado de alegria, serenidade e paz, irradiaremos energias positivas através da aura, mas se estivermos num estado de depressão, angústia ou agressividade, nossa irradiação se tingirá desses sentimentos negativos, com conseqüências nocivas para os outros e para o ambiente.

O corpo etérico de uma pessoa muito evoluída que está em contato com o Eu irradiará energias espirituais puras e luminosas que ajudarão os outros a se elevarem, catalisando os seus melhores aspectos...

Os *nadi* (os pequenos canais de energia que percorrem o corpo etérico) cruzam-se em sete pontos focais chamados *chakras* ou centros de força, que são, na realidade, "sete pontos de entrada e de irradiação" de energia provenientes dos diversos níveis.

No próximo capítulo nos ocuparemos desses "centros de força" para descrever seu funcionamento e objetivo. Eles regulam a vida interior do homem e a sua evolução no arco do seu longo processo de crescimento rumo à realização da consciência do Eu.

Nota do Capítulo

1. Para maiores informações a esse respeito, ver o livro *Il Doppio Eterico*, de A. Powell, Ed. Sirio-Trieste. (Publicado pela Ed. Pensamento com o nome de *O Duplo Etérico*.)

Capítulo 5

O Corpo Físico-Etérico (2ª parte)

O segundo aspecto, ou função, do corpo etérico é muito mais complexo e importante do que o primeiro, pois é aquele que o converte em instrumento de relação e expressão dos outros corpos mais sutis do homem e das energias espirituais provenientes do Eu e do cosmos. Já mencionamos esse aspecto no capítulo anterior ao falar da aura do homem, que é qualificada e diferenciada justamente pelas energias particulares de que o corpo etérico de uma determinada pessoa é veículo no momento evolutivo que ela está atravessando.

Os (chamemo-los assim) "pontos de entrada" das diversas energias de que o corpo etérico pode ser veículo são pontos focais (conforme já dissemos) localizados na densa rede de *nadi* que percorre esse corpo e constituem, na realidade, *redemoinhos de força*. De fato, o nome sânscrito que os caracteriza, *chakra*, significa "roda de força".

Esses "pontos focais" são muito numerosos, porém os mais importantes e conhecidos são sete e localizam-se três acima do diafragma, três abaixo dele e um entre as sobrancelhas.

Cada um dos *chakras* recebe e irradia uma energia diferente e exprime funções, qualidades e características particulares que se ligam aos três aspectos fundamentais do Eu, a saber:

Vontade
Amor
Inteligência Criativa

que correspondem, como já dissemos, à triplicidade Divina de

Pai
Filho
Espírito Santo

Para as doutrinas esotéricas, o três é o número-base da manifestação e exprime uma lei universal que se poderia formular da seguinte maneira:

"Para cada manifestação ou evento são necessárias três forças intimamente inter-relacionadas que formam uma "tríade" constituída por uma força ativa (Pai, Vontade), uma força oposta passiva, receptiva (Mãe, Inteligência Criativa) e uma terceira força de relação e interligação (Filho, Amor). Daqui resulta que todo processo criativo tem necessidade dessas três forças primárias."

Essa triplicidade se reflete também no homem, quer no nível do Eu, com os seus três aspectos de Vontade, Amor e Inteligência Criativa (em sânscrito: Atma, Buddhi, Manas), quer no nível da personalidade, com os seus três corpos, quer no nível do corpo físico-etérico, no qual, através dos centros de força, se expressam as três forças primárias — Vontade, Amor e Inteligência Criativa — em sua essência espiritual. Essas três forças primárias se expressam nos *chakras* situados acima do diafragma e, em sua manifestação degradada (instintiva e psicológica), nos *chakras* situados abaixo do diafragma.

O Centro localizado entre as sobrancelhas deve ser considerado separadamente, pois exprime a integração e a síntese dos Centros Superiores com os centros inferiores.

Essas correspondências nos demonstram, mais uma vez, a unidade subjacente à aparente divisão, à ilusória separação e à multiplicidade que vivenciamos em nossa consciência ordinária, limitada e condicionada, unidade que devemos redescobrir e "reconstruir" gradativamente não só dentro de nós como também entre nós e o Divino de que fazemos parte.

Podemos compreender melhor essas interessantes correspondências examinando a figura a seguir, que ilustra esquematicamente a situação dos centros de força no corpo etérico, mostrando as diversas ligações existentes entre esses centros e as glândulas endócrinas e entre eles e as manifestações psicológicas das diversas energias expressas por cada um deles.

Nessa figura, com efeito, vemos o Centro localizado no alto da cabeça (em sânscrito: Sahasrara chakra), ligado à glândula pineal, exprimir a Vontade Espiritual, o Centro da garganta (Vishudda chakra), ligado à tiróide, exprimir a Inteligência Criativa, ou Criatividade Superior, e o Centro do Coração (Anahata chakra), ligado ao timo, exprimir o Amor Universal e altruísta.

Esses três centros, juntamente com o Centro situado entre as sobrancelhas (Ajna chakra), ligado à glândula hipófise, que expressa uma função particular, são chamados "centros superiores" porque manifestam as energias espirituais em sua pureza.

Esses centros superiores só despertam e entram em atividade naqueles que estão em contato com o Eu e que, portanto, têm consciência de sua verdadeira natureza espiritual.

OS SETE CENTROS ETÉRICOS

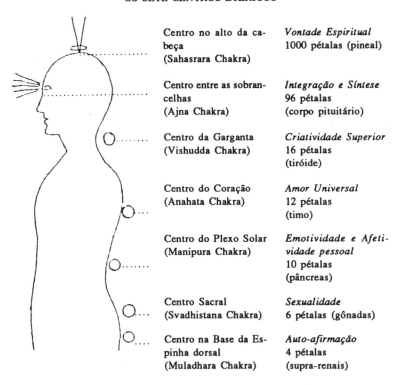

Centro no alto da cabeça (Sahasrara Chakra)		*Vontade Espiritual* 1000 pétalas (pineal)
Centro entre as sobrancelhas (Ajna Chakra)		*Integração e Síntese* 96 pétalas (corpo pituitário)
Centro da Garganta (Vishudda Chakra)		*Criatividade Superior* 16 pétalas (tiróide)
Centro do Coração (Anahata Chakra)		*Amor Universal* 12 pétalas (timo)
Centro do Plexo Solar (Manipura Chakra)		*Emotividade e Afetividade pessoal* 10 pétalas (pâncreas)
Centro Sacral (Svadhistana Chakra)		*Sexualidade* 6 pétalas (gônadas)
Centro na Base da Espinha dorsal (Muladhara Chakra)		*Auto-afirmação* 4 pétalas (supra-renais)

Os outros três centros que aparecem na figura são chamados "inferiores" e se localizam abaixo do diafragma, que assinala uma linha de demarcação simbólica. Eles refletem exatamente as três energias superiores, mas de maneira *invertida,* degradada, sob a forma de instintos ou de aspectos e tendências pessoais e psicológicas, todos eles caracterizados por forte egoísmo.

Vemos, com efeito, o Centro da Base da Espinha dorsal (Muladhara chakra), ligado às cápsulas supra-renais, expres-

42

sar o instinto de auto-afirmação, que nada mais é que a Vontade Espiritual degradada e deformada; o Centro Sacral (Svadhistana chakra), ligado às gônadas, expressar o instinto sexual, que nada mais é que a criatividade no plano dos instintos; e o Plexo Solar (Manipura chakra), ligado ao pâncreas, expressar a emotividade e o amor pessoal possessivo e egoísta. É útil esclarecer, de forma incisiva, que o termo *pétalas* se refere ao símbolo que representa um *chakra,* ou seja, a flor de lótus; o número delas indica as diversas energias e qualidades que cada centro expressa.

No homem comum medianamente evoluído, nem todos os centros etéricos são ativos, pois cada um deles é "redespertado" e se põe em movimento dependendo de seu grau evolutivo e das energias e faculdades que ele usa com mais freqüência.

O homem comum usa os centros localizados abaixo do diafragma, e não raro apenas parcialmente. O centro mais ativo é o Plexo Solar, que por isso é denominado nas doutrinas esotéricas o "cérebro da humanidade". Sua evolução é mediana, porque o desejo, as emoções e as paixões são os fatores dominantes no homem quando ele ainda se identifica com o eu pessoal e egoísta e não tem consciência de sua verdadeira natureza.

Além disso, o Plexo Solar é ativo porque quase sempre se encontra num estado de "congestão", não só por causa de suas energias próprias, mas também devido a outras energias provenientes dos outros dois centros inferiores, o da auto-afirmação e o sexual. Isso acontece porque muitas vezes o homem é obrigado a reprimir os seus instintos, pelo menos em parte, devido à sociedade, ao ambiente, às circunstâncias cármicas e à necessidade de inserir-se na coletividade. Em geral isso ocorre de forma natural e sem gerar distúrbios no indivíduo, porque as energias instintivas tendem espontaneamente a se "sublimar", ou seja, a se expressar, se forem reprimidas, em manifestações de ordem superior, como o próprio Freud admitiu. No processo de sublimação, todas as energias instintivas passam necessariamente através do Plexo Solar, que, ao lado das suas funções específicas, tem também a de "transmutar" as energias inferiores em superiores e dirigi-las para os centros situados acima do diafragma. Por essa razão esse centro, nas doutrinas esotéricas, é chamado de o "Grande Transmutador".

Pelo que ficou dito, é fácil compreender a razão pela qual o Plexo Solar está sempre em grande atividade e quase sempre se encontra num estado de congestão e sofrimento que produz distúrbios e mal-estares quer no nível somático, quer no nível psicológico.

Transmutar as energias dos centros inferiores, ou seja, a auto-afirmação e a sexualidade, em energias dos centros superiores correspondentes, a saber, a Vontade Espiritual e a Criatividade Superior, requer que estejam em andamento uma verdadeira maturação, um crescimento interior, um desenvolvimento de qualidades particulares e atitudes capazes de despertar e ativar os centros superiores.

A esta altura, faz-se mister esclarecer que qualquer centro só desperta e entra em ação se desenvolvermos e utilizarmos as qualidades a ele correspondentes. O Centro do Coração, por exemplo, só despertará se aprendermos a exprimir o amor altruísta, com todas as suas manifestações de compaixão, compreensão, fraternidade, sentimento de unidade, etc. Em outras palavras, não se pode despertar um centro agindo de fora, com exercícios, visualizações e técnicas, se não se operarem superações, desenvolvimentos e maturações interiores.[1]

O despertar dos centros esotéricos, portanto, é gradual e lento e acompanha o desenvolvimento interior do homem, refletindo e expressando, no nível energético, seu caráter, seu grau evolutivo, sua problemática do momento. Aos olhos de um clarividente, ou de um sensitivo, ele constitui uma espécie de "ficha clínica" onde são assinaladas as perturbações, disfunções e sintomas específicos que podem permitir ao médico compreender a situação do paciente, suas dificuldades e possibilidades, de modo a ajudá-lo não só a chegar a um diagnóstico, mas também a estabelecer uma terapia.

Gradualmente, cada um de nós pode tornar-se sensível ao jogo das energias sutis que se desenrola sem cessar dentro de nós e, embora não prontamente identificável no nível energético, pode ser intuído por meio do exame cuidadoso dos nossos estados psíquicos e físicos, dos nossos conflitos e crises, dos nossos mal-estares e perturbações, dos nossos momentos de elevação, bem-estar, harmonia e alegria, e também pelo efeito que as nossas vibrações produzem nos outros e no ambiente.

Esse último aspecto costuma ser esquecido ou menosprezado e, no entanto, é muito importante para o autoconhecimento do ponto de vista da situação dos centros etéricos. Na verdade, estes irradiam continuamente vibrações e energias correspondentes ao nosso estado interior, formando aquele círculo magnético que nos rodeia, chamado "aura", ao qual já nos referimos. *Nós emanamos aquilo que somos* e produzimos sobre as outras pessoas efeitos dos quais às vezes não temos consciência, mas que deveríamos aprender a identificar não apenas para compreender a qualidade da nossa irradiação como também para aprender a desenvolver a inocuidade e o senso de responsabilidade, não difundindo indiscriminadamente energias negativas ao nosso redor, mas dirigindo-as e canalizando-as para o alto a fim de purificá-las e transmutá-las em energias positivas.

Deveríamos aprender a irradiar apenas dos Centros Superiores e tornar-nos assim fontes de Amor, de Luz e de Força

Espiritual para o ambiente e todos aqueles com quem venhamos a entrar em contato.

Nota do Capítulo

1. Explicações mais minuciosas sobre a transferência das energias dos centros inferiores para os Centros Superiores podem ser encontradas no meu livro *Medicina Psicoespiritual* (Editora Pensamento).

Capítulo 6

O Corpo Astral ou Emotivo

O corpo astral é o veículo das emoções e dos sentimentos, e, de fato, pode também ser chamado "corpo emotivo" ou "corpo senciente".

O termo *astral* foi escolhido pela maioria dos estudiosos de ciências esotéricas para indicar o aspecto luminoso, brilhante, quase "estelar" (astral) desse corpo, tal como ele se apresenta aos olhos de um clarividente. Alguns autores, ao contrário, usam esse termo com referência ao corpo etérico, mas isso pode gerar confusões e mal-entendidos.

O corpo astral, juntamente com o mental inferior (que analisaremos a seguir), faz parte de um nível da estrutura do homem que já não é física, mas ainda não é espiritual, constituindo aquela dimensão que os psicólogos chamam de *psique*.

Os orientais usam a expressão Kama-manas (desejo-mente) para referir-se ao conjunto desses dois corpos, pois, embora sejam na realidade dois veículos bem distintos, eles

47

se influenciam reciprocamente, misturam-se sem cessar e confundem as suas vibrações.

De fato, no homem comum é raro encontrar um intelecto não ofuscado pelas emoções e pelos sentimentos e uma função emotiva não condicionada ou limitada pela mente.

Queremos deixar bem claro que libertar o corpo emotivo de influências mentais e o corpo mental de influências emotivas é uma forma de purificação. A palavra *purificação* deriva, com efeito, da raiz sânscrita *pur,* que significa "livrar de contaminações".

O homem deve aprender a discernir entre o que é mental e o que é emotivo, assim como a utilizar os seus veículos da maneira correta, reencontrando a sua função exata. Lembramos o que já dissemos a respeito da "confusão funcional" que constitui a impureza e o erro, como afirma Sri Aurobindo.

O Corpo Astral se compõe de uma energia particular, que tem um comprimento de onda e características e qualidades próprios que a distinguem tanto da energia material propriamente dita quanto da energia mental e de qualquer outro tipo de energia. Todavia, nesse corpo existe também um aspecto "consciência", dotado de qualidades, faculdades e características que em seu conjunto constituem a função que em psicologia é chamada emotiva ou do sentimento, ou seja, o conjunto de todas as emoções, afetos, desejos e sentimentos do homem.

Esse corpo também se subdivide, como o físico-etérico, em sete subplanos ou gamas vibratórias que exprimem qualidades e faculdades emotivas, desde as mais baixas e grosseiras (paixões violentas, ciúme, ódio, ira, medo, angústia, amor sensual e egoísta, etc.) até as mais elevadas e apuradas (amor desinteressado, compaixão, simpatia, alegria pura, devoção, emoção mística, emoção estética, ternura, etc.).

Seu símbolo é a água, porque a energia que o compõe assemelha-se a uma substância fluida, móvel e impressionável que "assume a cor e o movimento do seu ambiente, recebe as impressões de cada desejo fugaz e entra em contato com cada capricho e fantasia do seu ambiente; cada corrente passageira a coloca em movimento; cada som a faz vibrar..." (De *Cartas sobre a Meditação Oculta,* de A. A. Bailey.) E isso faz com que ele seja exatamente como a água, que também é fluida e móvel e assume a forma e a cor do recipiente que a contém, refletindo-lhe as menores luzes e sombras.

Há, todavia, uma razão oculta para essas características particulares da substância astral que encobre o verdadeiro objetivo do corpo emotivo. Ele deveria ser o "refletor" do aspecto Amor do Eu e o "transmissor" deste para os outros.

O corpo emotivo, quando está calmo e tranqüilo, é um instrumento de sensibilidade, de "empatia", de união com as outras pessoas; é uma espécie de ponte que pode colocar-nos em contato com o ambiente e com os outros e elevar-nos até o Eu, num impulso de pura aspiração.

Em geral, contudo, por estar agitado, perturbado, movido por desejos e impressões, ele constitui o maior obstáculo ao progresso espiritual, gerando uma neblina densa que ofusca a luz e cria miragens e ilusões que nos afastam da direção correta.

Uma das características mais interessantes do corpo astral é a sua capacidade de gerar "formas" e "cores" sob o estímulo de emoções, desejos e sentimentos.

Cada emoção, dependendo da sua qualidade, manifesta-se com uma cor particular; cada sentimento, além de expressar-se com a cor, manifesta-se com uma forma... Todavia, essas cores e formas mudam sem cessar, não têm estabilidade e consistência e por isso constituem o que nas doutrinas esotéricas é chamado de *a grande ilusão.*

Muitas pessoas dotadas de clarividência astral acreditam ter alcançado um poder muito importante porque "vêem" essas formas e essas cores, mas não sabem que só fizeram despertar uma sensibilidade psíquica de nível inferior — fonte de ilusões, extravios e perigos — que as pessoas primitivas e pouco evoluídas também possuem.

Na época da Atlântida, quase todos possuíam essas sensibilidades, porque o centro mais desenvolvido era o Plexo Solar, correspondente à função emotiva e ligado ao plano astral. Esses poderes ou sensibilidades, entretanto, indicavam apenas o alto desenvolvimento do corpo emotivo (ou desejo) que aqueles homens alcançaram, sem purificação e sem o correspondente despertar da consciência espiritual. Seus objetivos eram egoístas e negativos, tanto assim que usaram os seus poderes como Magia Negra, ou seja, para afirmar o eu e satisfazer aos seus instintos. Essa parece ter sido a causa da destruição daquela civilização.

O corpo astral, portanto, se for mal-utilizado e não estiver purificado, pode constituir um dos problemas mais difíceis de serem superados pelo homem, tanto do ponto de vista oculto quanto do ponto de vista meramente psicológico.

Por exemplo, a capacidade de ligação e união do corpo emotivo, à qual nos referimos há pouco, manifesta-se como possessividade e apego mórbido na pessoa pouco evoluída e ainda identificada com o seu eu inferior. Na realidade, por trás de cada apego existe um "movimento" de energia emotiva que se projeta para uma pessoa ou para um objeto e a ele adere, formando uma ligação, uma espécie de mecanismo inconsciente de automatismo muito difícil de superar.

Eis por que sofremos tanto com cada perda, com cada separação, com o fim de cada relacionamento, que nos fazem sentir como se uma parte de nós fosse mutilada.

Tudo isso acontece porque ainda não descobrimos a consciência do verdadeiro eu, do nosso Eu, que não se apega porque já tem a consciência da Unidade, que não teme a perda porque já é completo em si mesmo, que não se prende a nada porque é liberdade absoluta...

Assim o corpo astral, sendo embora um instrumento necessário para exprimir a sensibilidade e a capacidade de relacionamento do Eu no plano da manifestação, deve ser purificado, transformado e usado no sentido correto para poder revelar sua verdadeira natureza. Isso somente poderá acontecer depois que o transcendermos pela superação da emotividade limitada, dos sentimentos personalistas, dos apegos humanos, dos desejos de posse, e alcançarmos aquele nível interior no qual se revela a beleza do Ser.

Enquanto tivermos necessidade de "ter", não poderemos "ser", como diz Erich Fromm.

* * *

Voltemos agora ao aspecto mais "técnico" do corpo astral, ou seja, à sua estrutura e energia particulares.

Também ele, como o corpo etérico, penetra o corpo físico denso e preenche todos os interespaços atômicos, ressaindo-se, a seguir, da forma material como um halo mais ou menos extenso que se mistura com a aura puramente prânica. Esse halo é uma irradiação que pode ser percebida, ou até vista, por quem tenha essa capacidade e revela o estado de ânimo, a qualidade emocional, a vibração do indivíduo.

No que concerne às cores e à forma (que, como já dissemos, indicam sentimentos, emoções, etc.), pode-se dizer que mesmo não sendo clarividente é possível ter uma noção a respeito delas, inclusive através de sonhos, que assumem um caráter particularmente vívido. De fato, os sonhos, como diz a psicologia, podem ser tanto a representação simbólica de nossos estados inconscientes quanto uma verdadeira experiência na dimensão astral (ou plano astral) onde o corpo astral vive durante o sono do corpo físico.

Falaremos mais minuciosamente a respeito da vida do corpo astral durante o sono no próximo capítulo, mas agora gostaríamos de referir-nos ao significado das cores tal como a propuseram alguns estudiosos de esoterismo dotados de clarividência astral.

O vermelho, em geral, indica o aspecto Amor do homem. Mas, dependendo de sua clareza, luminosidade e tonalidade, ele indica um amor mais ou menos puro e desinteressado. De fato, essa cor pode apresentar-se nas tonalidades do vermelho-escuro e até manchado de marrom; nesse caso, significa paixão e sensualidade; ou então nas tonalidades do vermelho vivo e brilhante, indicando um amor puro, conquanto ainda humano e imbuído de apego; ou, enfim, pode apresentar-se na tonalidade rósea, da mais viva e acesa à mais clara; nesse caso, corresponde a um amor que nada tem de instintivo e sensual, mas se inclina a "dar", a proteger, a ajudar, como pode suceder com o amor materno, a amizade, etc.

O verde costuma indicar "adaptabilidade", ou seja, aquela qualidade de flexibilidade, sensibilidade e participação que permite criar uma "ponte" com as pessoas e as coisas. Dependendo da tonalidade e do matiz do verde, a adaptabilidade pode ser mais ou menos consciente e *verdadeira*. Pode haver também uma falsa adaptabilidade, que cheira a hipocrisia, ou uma adaptabilidade inconsciente, que melhor seria chamar de passividade, influenciabilidade, fraqueza...

O azul e o violeta, com todos os seus matizes, indicam religiosidade e espiritualidade mais ou menos livres e autênticas.

Em todos os casos a clareza e o brilho das cores indicam a qualidade elevada que elas têm e a pureza do sentimento que as provocou.

O amarelo e o laranja também estão presentes na aura astral, conquanto essas duas cores, de acordo com os estudiosos, pertençam mais ao nível mental do que ao nível emotivo. Entretanto, há um reflexo do nosso mundo intelectual também na natureza emocional que, como já dissemos, é movida e influenciada pelo pensamento.

O laranja é o pensamento misto de orgulho e ambição, enquanto o amarelo indica busca intelectual pura e desinteressada.

As cores escuras, como o marrom, o cinza e o preto, indicam estados de espírito negativos e pouco elevados, como medo, ódio, ciúme, inveja, rancor, sensualidade grosseira, etc.

É interessante lembrar que hoje em dia a própria ciência está se aproximando, de forma indireta, da descoberta do valor, do significado e do poder misterioso das cores... Estão-se efetuando pesquisas sobre a cromoterapia, ou seja, a utilização das cores para curar doenças físicas e psíquicas, e sobre o significado psicológico da escolha das cores na arte e na maneira de se expressar. Admite-se hoje que cada cor tem um comprimento de onda próprio e produz certo tipo de vibração. Em outras palavras, está sendo descoberta a relação entre a cor e a emoção.

O critério a levar em conta quando se estuda o homem do ponto de vista esotérico é que "tudo é energia". Esse critério é a chave tanto para se entender as complexas manifestações da natureza humana quanto para se encontrar uma ponte entre as doutrinas esotéricas e a ciência.

O caminho a ser percorrido por essa última ainda é bastante longo, mas é de esperar que ele conduza inevitavelmente o pesquisador honesto, sério e livre de preconceitos a descobrir a realidade misteriosa que se oculta por trás das aparências dos fenômenos.

Capítulo 7

O Corpo Astral Durante o Sono e Depois da Morte

O veículo astral não é apenas um conjunto de energias e faculdades que permitem ao homem expressar seus estados de espírito e suas emoções durante o período que se chama "vida". É também um verdadeiro *corpo,* que delimita a consciência em uma dimensão chamada "plano astral". Essa dimensão é invisível para a vista ordinária, porque não é material, mas constitui efetivamente um *mundo,* povoado de formas, seres e forças que nos rodeiam, ou melhor, nos interpenetram, sem que nos demos conta disso.

Durante a consciência de vigília somos geralmente insensíveis a essa dimensão e não temos consciência dela (a não ser em alguns casos excepcionais), mas durante o sono, quando o Eu abandona o corpo físico-etérico e se recolhe ao corpo astral, entramos em contato com o plano astral e podemos tomar consciência dele.

Vivemos simultaneamente em diversas dimensões ou planos, mas não as percebemos porque ainda não desenvolvemos a sensibilidade e o poder de captar as realidades mais sutis. Mesmo do mundo físico que nos rodeia conhecemos apenas uma parte ínfima, pois os nossos sentidos físicos respondem a pouco mais de um nono das vibrações e ondas até aqui classificadas pela ciência. Em outras palavras, conhecemos apenas um oitavo do mundo que nos rodeia, enquanto os outros sete oitavos nos são de todo desconhecidos.

Por isso não podemos excluir a existência de outras dimensões, que não podemos perceber, mas que existem ao redor e *dentro de nós*.

A dimensão chamada "plano astral" *está aqui,* neste espaço que chamamos "físico", porque em verdade ela não é um *lugar,* mas um estado de consciência.

Como ficou dito há pouco, o corpo astral vive sempre nessa dimensão, mas durante o sono e depois da morte, quando está livre de suas ligações com o corpo físico, ele tem uma vida mais intensa e mais plena, e o indivíduo que o habita pode tornar-se mais amplamente cônscio dele e utilizá-lo como veículo de experiência naquela dimensão.

Quando adormecemos, nossa verdadeira essência, o Eu, abandona o veículo físico-etérico e passa para o corpo astral, embora continue ligado ao instrumento material. O homem real, portanto, *não dorme,* mas está desperto e "vive" uma verdadeira vida em outra dimensão. Todavia, a consciência dessa outra dimensão desperta pouco a pouco, e esse despertar é uma realização específica que o homem deve conquistar como parte de seu desenvolvimento interior.

Do ponto de vista das doutrinas esotéricas os sonhos podem ser o testemunho dessa vida astral, que tem três níveis principais:

a) o nível em que flutuam as formas-pensamento de substância astral, criadas por nós mesmos ou pelas pessoas que nos rodeiam;

b) o nível em que vivem entidades e seres em sua forma astral que podem estar desencarnados ou adormecidos naquele momento;

c) o nível mais profundo, chamado "arquivo do Akasha", formado por todo o passado da humanidade "registrado" e impresso na substância astral como numa película cinematográfica.

Com toda a probabilidade, aquela zona do inconsciente mais profunda que Jung chama de "inconsciente coletivo" e contém os "arquétipos" corresponde ao plano astral.

Portanto, as formas, as figuras e os símbolos que vemos em sonho podem ser ou a representação dos nossos estados de espírito, dos nossos sentimentos e emoções e, portanto, algo "subjetivo" que projetamos, ou formas-pensamento criadas por outras pessoas, ou ainda corpos astrais de seres vivos adormecidos e de mortos e, portanto, algo "objetivo".

Para perceber as formas objetivas, entretanto, é preciso ter alcançado a chamada "consciência astral", fruto de certo grau de maturação interior... Um homem primitivo, por exemplo, não está "desperto" em seu corpo astral e, quando adormece, cai num estado de consciência nebuloso, obscuro, caótico, se não de todo inconsciente. Pode acontecer, todavia, que já tenha alcançado a capacidade de "consciência astral" e não se dê conta disso, pois nem sempre se conserva a lembrança dela no momento de despertar, uma vez que o cérebro físico não tem a necessária pureza para gravar as vibrações mais sutis do astral.

Em outros casos, o indivíduo já possui maturidade interior suficiente para desenvolver a consciência astral, mas enfrenta a resistência e é condicionado pelo hábito, desenvolvido ao longo de muitas vidas no período da vigília, de responder e obedecer somente a estímulos provenientes do sistema nervoso... Por isso *ele está desperto e consciente no plano astral, embora não o saiba.*

Podemos, pois, traçar um esquema dos diversos graus de desenvolvimento da consciência astral, como segue:

1) inconsciência completa, com vislumbres esporádicos, obscuros e confusos do nível astral;

2) início do despertar da consciência astral, obstado e limitado pelos condicionamentos e hábitos adquiridos durante a consciência de vigília;

3) despertar da consciência astral "subjetiva", ou seja, visão das formas-pensamento (esse estágio corresponde àquele que foi examinado pela psicanálise);

4) pleno despertar da consciência astral, ainda que em forma objetiva, e capacidade de utilizá-la.

Pode haver a lembrança desses dois últimos estágios de consciência astral na consciência de vigília, intermitente ou completa.

Em seu livro *O Corpo Astral,* Powell assinala que, além da impureza da matéria de que se compõe o cérebro físico, a descontinuidade de consciência entre a vida física e a vida astral se deve tanto à falta de desenvolvimento do corpo astral quanto à falta de uma ligação etérica suficiente entre o corpo astral e o corpo físico denso.

O plano astral é uma dimensão que tem diversos "níveis" ou estágios — sete, para sermos mais precisos —, como o corpo correspondente. Essas dimensões exprimem estados de espírito, desejos e sentimentos que vão dos mais baixos aos mais elevados e apurados.

Os níveis inferiores são povoados de formas aterradoras, símbolos de paixões e desejos baixos e impuros, tingidos de egoísmo, ódio e crueldade. A atmosfera desses níveis é escura, nebulosa e matizada de tons foscos e tétricos.

À medida que se penetra nos níveis mais elevados, ao contrário, a atmosfera torna-se cada vez mais luminosa e brilhante. Surgem então formas e cores maravilhosas, ofuscantes e iridescentes, como se fossem "vivas".

Por serem bem mais intensas e profundas, as emoções sentidas na consciência astral são muito diferentes das que vivenciamos na consciência de vigília. Criam uma vibração tão forte que se torna quase insuportável, embora possa ser bonita. Isso acontece tanto com as emoções negativas (medo, ódio) quanto com as positivas (amor, alegria, devoção, etc.).

"O júbilo da vida no plano astral é tão grande que, comparada a ele, a alegria que se pode sentir na vida física nem parece alegria." (Powell, idem, p. 115.)

E isso acontece porque a energia astral (ou emotiva), em seu plano, está livre das limitações e "reduções" provocadas pelo aprisionamento no corpo material e pode vibrar e expandir-se com toda a plenitude.

Outra possibilidade interessante oferecida pela vida no plano astral durante o sono é a de podermos "viajar", isto é, deslocar-nos à vontade apenas com a força do pensamento e, assim, visitar amigos longínquos, cidades e lugares diversos, passar através de paredes ou de portas fechadas, assistir a acontecimentos que se sucedem no mundo e até "prever" eventos futuros que estão sendo preparados no astral antes de precipitar-se no físico.

Poder-se-ia chamar a isso o aspecto "paranormal" da consciência astral para o qual o sono nos abre, ou seja, todo o conjunto daquelas sensibilidades que em nossos dias são estudadas sob o nome de "percepções extra-sensoriais" (telepatia, antevisão, clarividência, etc.).

Na dimensão astral as leis espaço-temporais não existem, e portanto não existe "distância" e "separação"... A comunicação com os outros é "telepática", ou seja, não requer palavras ou gestos, mas é imediata, por sintonia vibratória, como acontece quase sempre no que chamamos de "sonhos".

Não posso estender-me sobre o assunto agora, mas o que ficou dito deve bastar para fazer-nos entender como é importante adquirir a capacidade de estarmos conscientes durante o período que chamamos de "sono" e que nos permite viver em outra dimensão.

* * *

Faremos agora um breve exame da vida no corpo astral depois da morte. No momento da morte do corpo físico acontece um fenômeno semelhante ao do sono, com a diferença de que o corpo etérico também se separa (enquanto no sono ele permanece no corpo físico) e "morre", isto é, dissolve-se depois de alguns dias. O corpo astral, ao contrário, sobrevive e serve de veículo para o Eu até que ele também se desagrega pela progressiva passagem da consciência a níveis superiores. A vida de um homem não deve ser considerada apenas desde o momento em que ele nasce num corpo físico até o instante em que o abandona, pois é muito mais longa, incluindo períodos de existência e experiência nos outros corpos sutis (astral e mental inferior). O Eu, por fim, transfere-se para o seu plano, o Mental Superior, ou Causal, e prepara-se para uma próxima encarnação.

A morte, portanto, não é um fim, mas um processo pelo qual a consciência se liberta gradativamente de seus invólucros e o Eu se afasta dos mundos da manifestação, numa trajetória natural de abstração que o leva ciclicamente a "retornar a si mesmo". Trata-se de um processo análogo ao que ocorre nos grandes ciclos cósmicos chamados *pralaya* e *manvantara*, durante os quais o Absoluto exprime ritmicamente a Sua Vida.

O morrer, portanto, não deve incutir temor, pois a separação é suave e gradual, e o homem continua a ser em sua consciência quase o mesmo que era em vida, pelo menos durante certo tempo.

A ciência está perto de confirmar essas teorias pelo estudo e análise dos casos de "morte clínica", durante os quais, segundo os testemunhos deixados pelos próprios pacientes redivivos, se tem efetivamente a experiência de *viver num outro corpo invisível,* mas dotado da capacidade de ver, ouvir e estar consciente.

Esse outro corpo não poderia ser o veículo astral?

Voltando às teorias esotéricas: depois da morte do veículo físico, o homem passa um período no plano astral e usa o seu corpo astral por um tempo mais ou menos longo, dependendo do grau de desenvolvimento, organização e impureza desse instrumento.

Um homem muito primitivo e dotado de um corpo astral pouco desenvolvido e quase inexistente atravessará rapidamente o nível astral e deixará o invólucro emotivo muito cedo, para que ele se dissolva. Passará com a mesma rapidez pelos níveis mentais inferior e superior e logo reencarnará.

Os homens de evolução mediana, ao contrário, especialmente se foram muito emotivos, passionais e cheios de desejos, viverão um período mais longo no plano astral, até que as vibrações do seu corpo astral diminuam e se dissolvam. Esse período poderia ser comparado ao "purgatório" da religião católica, pois está cheio de sofrimentos, de tormentos mais ou menos intensos, decorrentes da purificação e da separação a que é submetido o corpo astral.

Os indivíduos evoluídos, ao contrário, logo passarão para os níveis superiores do astral, onde há alegria, paz e luminosidade. Desprender-se-ão sem sofrimento do veículo astral e também do mental inferior (que está estritamente relacionado com o emotivo) e ascenderão ao plano Mental Superior (*Devachan*), espécie de paraíso por sua paz e serenidade.

Dou-me conta de que tudo isso não passa de teorias mais ou menos convincentes. Todavia, é bom conhecê-las para analisá-las sem fanatismo, mas também sem ceticismo. À medida que a nossa consciência se desenvolver e pudermos efetivamente "vivenciar" *por conhecimento direto* os diversos graus de realidade que existem por trás das aparências materiais, poderemos verificar se são verdadeiras ou não.

Indispensável, porém, é ter confiança na vida e um anseio profundo e sincero de conhecer a verdade, pois é inegável que o Homem Real é *muito mais* do que ele parece ser em seu corpo material e que a ciência humana é uma fonte inesgotável de faculdades, capacidades e poderes ainda a ser descobertos e desenvolvidos.

Podemos chamar esses poderes, essas faculdades latentes de "corpos sutis", dimensões, energias... O nome não importa: o fato é que o homem, tal como ele é agora, tal como se conhece agora, não passa de uma parte ínfima do homem total que a muito custo, com sofrimento e esforço, está se descobrindo por si mesmo, explorando com paciência e coragem sua própria interioridade.

Somos "entronautas" (para usar o termo utilizado por Scanziani no livro que traz esse título), ou seja, exploradores do "cosmos" interior, do espaço infinito que está dentro de nós à espera de ser revelado.

Devemos, pois, procurar desenvolver aquilo que as doutrinas esotéricas chamam de "continuidade de consciência", ou seja, a capacidade de construir uma ponte entre a consciência de vigília e a consciência das demais dimensões (astral, mental e espiritual), de modo a fazer despontar em nós a consciência ininterrupta de todos os níveis em que vivemos.

É bom nos acostumarmos a preparar-nos adequadamente

para o sono à noite, antes de adormecer, elevando o nosso pensamento para o Eu, acalmando os nossos veículos com um relaxamento oportuno e interiorizando-nos gradativamente, como se nos estivéssemos preparando para entrar num mundo diferente, mais puro, mais autêntico e real do que o mundo objetivo.

Se cultivarmos a arte de adormecer, não só obteremos a consciência astral durante o sono, como aprenderemos "a arte de morrer conscientemente" e adquiriremos a faculdade de estar plenamente cônscios depois da morte. Teremos assim uma "continuidade de consciência" entre a vida no plano físico e a vida nas outras dimensões, mesmo que já não tenhamos o veículo material. Além disso, teremos a certeza, por "experiência direta" e não por conhecimento teórico, da existência de uma vida além da morte e das infinitas possibilidades que se abrem ao homem em outros planos e estados de consciência.

Capítulo 8

O Corpo Mental

Em relação aos outros corpos da personalidade, o Corpo Mental tem uma função proeminente e muito importante. De fato, é ele o único veículo da personalidade que participa tanto da vida do Eu como da vida do homem no plano da manifestação, porque com os seus níveis mais elevados ele constitui o Corpo Mental Superior, ou Corpo Causal (invólucro do Eu) e, com os seus níveis mais baixos, o Corpo Mental Inferior, que faz parte da personalidade.

Desenvolver completamente o corpo mental, ou seja, todas as faculdades mentais e intelectivas, é para o homem um passo evolutivo muito importante e determinante, sem o qual ele não pode atingir a estatura de Verdadeiro Homem. Nas doutrinas esotéricas os homens são chamados "os Filhos da Mente", exatamente por ser *manas* (em sânscrito: princípio mental) o sinal que distingue o homem.

Todavia, esse desenvolvimento total requer um longo processo de crescimento e maturação que implica várias fases e apresenta numerosas dificuldades, compreendidas e superadas à medida que o homem progride interiormente e se torna mais consciente de seu verdadeiro Ser.

Os livros espirituais ressaltam a importância do corpo mental, muitas vezes chamado de "mente", mas ao mesmo tempo lhe sublinham a ambivalência e a dualidade como fonte de obstáculos e ilusões.

"É a natureza dualista da mente que produz a ilusão, pois a mente ou apresenta ao homem as chaves do Reino dos Céus ou então lhe bate na cara a porta que poderia introduzi-lo no mundo das realidades espirituais. A mente concreta é causa de muitos males para a humanidade." (Do *Tratado de Magia Branca* de A.A. Bailey, p. 691.)

Claro, referimo-nos aqui à parte da mente que constitui o corpo mental inferior, isto é, aos subplanos mais baixos desse veículo, sete ao todo, como sucede com os outros corpos pessoais.

Como já dissemos, os subplanos mais elevados, ou seja, o primeiro, o segundo e o terceiro, constituem em seu conjunto o Corpo Causal, cuja natureza é a tal ponto diferente e mais apurada que a do corpo mental inferior que podemos admitir a existência de duas unidades mentais bem distintas.

Essas duas unidades mentais — o corpo mental inferior (que doravante podemos chamar de mente) e o Corpo Causal —, embora sejam, na realidade, partes de um veículo único, estão divididas e separadas por uma fratura.

Isso acontece porque em geral o homem utiliza apenas os dois subplanos mais baixos da mente, a saber, o sétimo e o sexto, deixando atrofiados o quinto e o quarto.

Somente depois que ele vitalizar esses dois planos, num processo gradativo de desenvolvimento e maturação das capacidades intelectuais e de libertação de impurezas mentais, é que essa fratura estará preenchida. Tal processo é denominado "a construção da *anthakarana*" (ponte).

Essa construção promove a unificação da mente inferior com a mente superior e, conseqüentemente, o despertar da consciência do Eu. Por fim, nós nos "auto-reconhecemos" e tomamos consciência da nossa verdadeira natureza e do nosso Ser Real, que até aquele momento permanecera oculto, adormecido e "inconsciente".

Estamos sempre ligados ao Eu por meio do *sutratma*, ou *fio de vida*, que constitui aquele "raio" da centelha divina encarnado, como dizíamos num dos primeiros capítulos deste livro, mas não temos consciêncica dessa ligação.

Podemos ter vislumbres eventuais e esporádicos, ou algum momento fugaz de intuição, mas o despertar completo, duradouro e plenamente consciente da nossa verdadeira natureza e da vida do Eu só poderá ocorrer quando tivermos construído a ponte simbólica entre a mente inferior e o Mental Superior, chamada *anthakarana,* num processo gradual de desenvolvimento, refinamento e vitalização dos subplanos mais elevados do corpo mental inferior.

Não posso deter-me agora nas diversas fases desse processo. Só posso dizer que o primeiro passo para a sua ativação é dar-nos conta do presente estado do nosso corpo mental, tomar consciência dos seus limites e defeitos e começar, com paciência e perseverança, o trabalho de vitalização e desenvolvimento dos diversos aspectos da mente.

Dissemos que o homem comum utiliza apenas os subplanos mais baixos, o sétimo e o sexto, quase completamente identificados com o cérebro físico e constituindo aquela parte do corpo mental inferior que Sri Aurobindo denomina a "mente ordinária", automática, mecânica, condicionada, perfeitamente semelhante a um computador. Essa mente ordinária é incapaz de verdadeiro pensamento porque, estando sujeita a receber estímulos, impulsos, programação do exterior exatamente como um computador, ela os tranforma em automatismos, preconceitos, hábitos mentais e condicionamentos.

O homem comum "acredita" que pensa, mas na realidade ele é *pensado* por esses mecanismos mentais. É programado, e não sabe disso.

Quando começa a libertar-se desses condicionamentos e a "produzir" em sua mente pensamentos livres, autônomos e conscientes, os níveis quinto e quarto do seu corpo mental inferior começam a vibrar. O cientista, o filósofo, o pesquisador, que *sabem pensar de verdade,* podem ser considerados como pertencentes a essa fase do desenvolvimento da mente.

Entretanto, um passo mais deve ser dado.

É preciso descobrir uma capacidade mais profunda, implícita no corpo mental inferior, que transcende a aptidão para ser ativo, positivo, racional, ou seja, a capacidade de ser receptivo, passivo e silencioso.

Como o Corpo Mental, o corpo mental inferior também é dual em sua totalidade e o seu símbolo poderia ser o Jano bifront, com um dos rostos voltado para o mundo fenomênico, exterior, e o outro voltado para o mundo interior, para o subjetivo.

O homem utiliza quase sempre e exclusivamente o rosto voltado para o exterior e se dedica a estudar e a observar apenas as aparências das coisas, tornando-se prisioneiro da ilusão criada por seus próprios raciocínios e deduções aparentemente exatos e corretos. Por isso, com certa freqüência a mente costuma ser considerada, como está escrito em *A Voz do Silêncio,* a *destruidora do Real.*

Chega, porém, um momento no caminho evolutivo do homem em que o rosto da mente voltado para o interior também se revela e começa a ser usado, num primeiro momento de forma velada e eventual, depois de maneira cada vez mais clara e contínua.

Então a mente revela a sua capacidade de "receptividade", sensibilidade, escuta e silêncio, que é o início do despertar da intuição e de um modo de *conhecer* não mais baseado no raciocínio, na análise ou na lógica, mas na fusão do conhecedor com o objeto conhecido.

A intuição é uma faculdade que pertence ao Corpo Mental Superior (Causal), mas já nos subplanos mais elevados do Corpo Mental Inferior ela começa a fazer sentir os primeiros sinais de sua presença latente, juntamente com a capacidade receptiva de que falamos acima.

Vemos, pois, por essas curtas referências, que o Corpo Mental, como todos os outros veículos de expressão do Eu, passa por um processo gradativo, moroso, complexo e delicado de desenvolvimento, maturação e refinamento que revela e vitaliza todos os subplanos da sua estrutura que são, na realidade, "estados de consciência mentais" cada vez mais profundos, livres e amplos.

Sri Aurobindo fala também de diversos níveis ou estados de consciência da mente, a saber:

1) mente ordinária;
2) mente superior;
3) mente iluminada;
4) mente intuitiva;
5) supramental.

Podemos dizer que os dois primeiros níveis correspondem ao Corpo Mental Inferior e os outros três ao Corpo Mental Superior.[1]

* * *

Neste ponto, cumpre dizer alguma coisa a respeito do aspecto "anatômico" e "energético" do Corpo Mental, como fizemos em relação aos outros corpos.

O Corpo Mental tem uma forma ovóide, como o astral e o etérico, e também ele penetra e envolve o corpo físico denso, formando, juntamente com as energias dos outros veículos, a aura do homem. É composto por uma energia muito sutil, mais pura que a astral, e tem uma vibração mais elevada e veloz.

Mostra-se belíssimo aos olhos do clarividente, luminoso, palpitante de grãos dourados, com cores difusas, tênues e iridescentes, muito mais delicadas e claras que as do corpo astral. Mesmo nas pessoas não muito evoluídas o Corpo Mental apresenta-se belo e luminoso, pois é assim por sua própria natureza, mas torna-se cada vez mais resplandecente e irradiante à medida que o indivíduo progride e desenvolve os subplanos mentais.

Podemos também criar formas-pensamento de substância mental com os nossos pensamentos, mas elas são mais abstratas e simbólicas e muitas vezes de forma geométrica, pois o significado que encerram é de natureza intelectual, e não emotiva. Em outras palavras, trata-se de "idéias".

Depois da morte, a parte inferior do mental, que muitas vezes está estritamente relacionada com o astral, também se dissolve e "morre" depois de um período adequado, e a consciência do homem passa para o Corpo Mental Superior e vive no plano relativo, chamado em sânscrito *Devachan* (que significa "Terra resplandecente"). Essa estada constitui uma espécie de "Paraíso", pois é permeada de paz, alegria e luz. O Eu se reencontra a si mesmo, já livre de vínculos. Reflete e reabsorve o significado de todas as experiências feitas durante a vida nos planos físico e astral e prepara-se para a próxima encarnação.

Quanto mais evoluída for uma pessoa, mais longa será a sua estada no *Devachan,* enquanto os mais primitivos e imaturos o atravessam rapidamente e logo voltam a encarnar.

Durante o sono podem ocorrer contatos com esse plano, mas é difícil conservar-lhe a lembrança ao despertar, já que o nosso cérebro físico não está acostumado às elevadas vibrações desse estado de consciência.

Devemos ter sempre em mente que todo o nosso processo evolutivo interior é sobretudo um desenvolvimento da consciência; porque enquanto não tivermos a experiência direta e consciente da realidade interior e das energias que nos compõem, não poderemos libertar-nos das limitações, identificações, ilusões e erros que nos impedem de ser conscientes de *viver* contemporaneamente em todas as dimensões que compõem o nosso complexo ser, que é múltiplo e uno.

Nota do Capítulo

1. Quando Sri Aurobindo utiliza o termo "mente superior", refere-se sempre à mente concreta, que ele subdivide em uma parte inferior, por ele chamada de "ordinária" e que é mecânica e condicionada, e uma parte mais elevada, racional e lógica, que ele chama de "superior".

CAPÍTULO 9

Os Níveis Superiores do Mental

Os níveis superiores do mental (1º, 2º e 3º) constituem um veículo à parte chamado, como já dissemos, Corpo Causal, corpo que não mais pertence ao nível da personalidade, mas ao do Eu. De fato, conforme já tivemos oportunidade de dizer, o Corpo Causal é o invólucro que protege a consciência do Eu individualizada desde o momento da primeira encarnação do homem, e tem uma função particular durante um longo espaço de tempo.

Detenhamo-nos, pois, a descrever essa função, que consiste em absorver, vida após vida, o resultado mais profundo e mais elevado de todas as experiências e eventos por que o homem passou nos níveis pessoais (físico-etérico, astral, mental inferior). Essa absorção, além de dar ao Corpo Causal uma organização, força e qualificação cada vez maiores, torna-o também veículo das "causas" que acionam os eventos futuros — daí o nome de "causal" a ele atribuído. Portanto, vida após vida, o Corpo Causal *evolui* no sentido em que, de vago e disforme, se torna cada vez mais definido, organizado e radiante. Ele permite ao Eu tornar-se cada vez mais autoconsciente, reconhecer a si mesmo e ter sua própria individualidade. Isso se manifesta, no nível pessoal, com o senso da autoconsciência, que é o sinal de reconhecimento do homem e constituirá a matriz de futuros desenvolvimentos da consciência.

Ao examinar as funções e características desses níveis superiores do mental, entramos numa vibração completamente distinta da dos outros três veículos analisados até agora, dos quais podemos ter experiência direta na vida de cada dia, enquanto do Corpo Causal só podemos ter vislumbres de consciência nos momentos de elevação e iluminação.

Para examinar as qualidades e características desse corpo, teremos de apelar para a nossa intuição. O modo de conhecer, por exemplo, do Mental Superior é muito diferente daquele do mental inferior, uma vez que não é absolutamente racional, lógico e analítico, mas global, sintético e intuitivo. O Eu, no Corpo Causal, conhece por fusão com o objeto conhecido e vê num único instante todos os aspectos de um determinado problema ou objeto. Além disso, sua maneira de pensar, se assim podemos chamá-la, está livre de conceitos e palavras. Ele é como diz Sri Aurobindo, "silencioso", ou seja, não se perde em raciocínios, mas penetra no objeto e o ilumina.

De fato, o símbolo do pensamento do Mental Superior é a Luz. Essa forma de consciência está muito próxima do Amor entendido como senso de união e de fusão com o objeto conhecido que permite superar todo dualismo, todo separativismo, toda desarmonia. Com a expressão "Luz intelectual cheia de amor", Dante nos dá uma noção relativamente precisa desse elevado modo de conhecer da Alma.

74

Outra manifestação secundária, mas importante, do conhecimento superior é a Alegria, entendida naturalmente não como estado emotivo, mas como um estado de consciência em que cada problema aparece resolvido e no qual se tem a compreensão total dos significados ocultos das coisas. Para facilitar a compreensão dessas qualidades do Mental Superior, enumeramos algumas das suas manifestações:

1. Intuição
2. Síntese
3. Visão global
4. Fusão
5. Amor
6. Alegria
7. Consciência do eterno presente

Esta última manifestação do Mental Superior consiste num estado de consciência em que, por efeito da superação da consciência da personalidade, passado, presente e futuro surgem como uma realidade única na qual existe apenas o Ser Eternamente Imóvel, que está acima do devir. É um estado que não pode ser expresso com palavras, mas que proporciona a consciência da eternidade e da imortalidade.

O que ficou dito até aqui poderia suscitar a impressão de que, dada a elevada qualidade das manifestações do Mental Superior, somente as pessoas mais evoluídas podem ter acesso a esses níveis de consciência. Tal impressão poderia desencorajar-nos e levar-nos a considerar esse aspecto de nós mesmos como presentemente inacessível.

Na realidade, existe em todos nós a possibilidade latente de manifestar essas qualidades que fazem parte da nossa verdadeira natureza, do nosso ser real. Não esqueçamos que o Corpo Causal é constituído pelos níveis superiores de uma unidade, ou seja, o corpo mental, que tem, como já tive oportunidade de dizer, sete subplanos. Esses subplanos devem ser encarados como níveis de consciência mental que podemos manifestar gradativamente mediante exercícios e atitudes e amadurecimentos particulares.

Se nos empenharmos em desenvolver o verdadeiro pensamento, livres da identificação com a mecanicidade do cérebro físico e dos condicionamentos intelectuais aos quais estamos continuamente submetidos, aprenderemos gradualmente a usar todos os níveis do mental e poderemos passar do pensamento concreto, racional, para o pensamento abstrato e intuitivo.

A esse respeito, lembramos que a intuição, uma qualidade do Mental Superior, pode ser desenvolvida através de exercícios, levando a mente a refletir sobre questões de caráter universal e impessoal, e adestrando-nos para meditar sobre o significado simbólico dos eventos e das coisas. Nas antigas escolas esotéricas, os discípulos eram treinados para desenvolver a intuição dando-se a cada um deles um símbolo a respeito do qual deviam meditar durante dias a fio até obter a revelação do verdadeiro significado daquele símbolo específico. Com efeito, tudo o que existe é símbolo de uma realidade mais profunda que precisaremos ser capazes de decifrar gradativamente.

Outro meio que favorece a abertura para os níveis superiores do mental, conforme já mencionamos, é a libertação gradual de todos os condicionamentos mentais, de todas as superestruturas e até de todos os conceitos e idéias que vimos assimilando passivamente, baseados em ensinamentos e opiniões alheios, para substituí-los por pensamentos e conceitos autênticos, isto é, frutos da nossa própria busca e reflexão.

Esse processo de libertação e o despertar da autêntica capacidade de pensar produz às vezes um período de crise e

76

negação. Não se deve temer esse período, mas é preciso estar cônscio de seu significado evolutivo.

Contava um mestre zen: "Antes da iluminação os rios eram rios e as montanhas, montanhas. Quando principiou a iluminação, os rios já não eram rios e as montanhas não eram montanhas. Depois da iluminação, os rios voltaram a ser rios e as montanhas, montanhas." (De *Psicanalise e Budismo Zen*, de Suzuki e Fromm, p. 125.)

Essa anedota nos faz ver que devemos passar por um período de dúvida e negação para ver as coisas em sua realidade através da nossa verdadeira consciência.

Assim, quanto mais livres, verdadeiros e criativos nos tornarmos mentalmente, tanto mais nos aproximaremos do Eu, que não é apenas uma partícula do divino, mas o centro de nós mesmos, o nosso autêntico eu, que contém a verdade absoluta em sua limpidez e essencialidade. Eis por que outra das características fundamentais dos níveis superiores do mental é a "síntese", que decorre de um processo gradativo de simplificação e unificação.

A atitude de base, todavia, que favorece a tomada de consciência dos níveis superiores do nosso ser é a confiança absoluta no Eu. Que significam essas palavras? Significam que devemos ter a certeza de que nós somos o Eu, ainda que não tenhamos consciência disso, e de que, portanto, a qualidade e as características do Eu já estão em nós, embora em estado potencial.

Não se trata, pois, de criar alguma coisa do nada, mas de evocar energias e potencialidades já presentes, e para isso é necessário ter *confiança*. Confiança em nós mesmos como centros de energia divina individualizada que procura manifestar-se a despeito dos condicionamentos, limitações e estados de inconsciência que nós próprios construímos. Mesmo no que concerne aos níveis superiores do mental, trata-se de evocá-los e estimulá-los com uma mudança gradual da nossa consciência, da nossa atitude para com a vida e da nossa maneira de pensar.

Isso pressupõe, é claro, uma sincera e profunda aspiração no sentido de auto-realizar-se, conhecer a verdade e sintonizar-se com as leis cósmicas.

O conhecimento pormenorizado da nossa complexa estrutura interior, com seus vários corpos e suas diversas funções, não deve, entretanto, fazer-nos esquecer que na realidade o homem é *uno:* é o Eu que na manifestação se divide em diversos aspectos e energias, como a luz branca através de um prisma se divide nas sete cores do arco-íris. Cumpre-nos reencontrar essa unidade subjacente à multiplicidade aparente, mantendo-nos sempre no centro do nosso ser e considerando todos os aspectos e energias da nossa natureza como instrumentos e funções desse centro único que é o Eu.

O Corpo Causal representa, pois, o ponto de apoio desse "centro" de consciência, o Eu individualizado, e, vida após vida, absorvendo em si o resultado evolutivo de todas as experiências feitas, faz com que o Eu se torne cada vez mais consciente de si mesmo e mais ligado ao Seu reflexo, a personalidade.

Desenvolvendo, a seguir, todas as potencialidades e qualidades do corpo mental, o homem, partindo de baixo, digamos assim, aproxima-se cada vez mais da consciência do Eu e dessa forma, por um intercâmbio recíproco de energias, a aparente dualidade entre a personalidade e a centelha divina é gradativamente superada até se reconstituir a unidade.

A meditação representa um auxílio indispensável para se acelerar esse processo de "unificação" e redespertar a consciência dos níveis superiores do mental; e chega um momento, no caminho evolutivo do homem, em que surge nele, espontaneamente, a exigência dessa prática interior. Verifica-se então uma mudança decisiva na vida desse indivíduo, mesmo que ele não se dê conta disso, pois doravante é o Eu que prevalecerá e dirigirá todas as suas ações e escolhas.

Encerro este capítulo com algumas palavras sobre a vida *post-mortem* do Corpo Causal, que, diferentemente dos outros corpos, não se dissolve, mas conserva-se imortal e constitui uma espécie de "paraíso" (*Devachan*) para o homem, como dissemos no capítulo anterior, porque nele reinam a paz, a alegria, a luz e a total compreensão do significado das experiências feitas na vida que passou.

Naturalmente, quanto mais evoluído e consciente estiver o indivíduo, mais longa será sua estada nesse plano.

Assim, devemos procurar desenvolver cada vez mais a verdadeira consciência a fim de conhecer, por experiência direta, todos os níveis interiores que constituem o nosso ser.

Capítulo 10

Purificação e Aperfeiçoamento dos Instrumentos do Eu

Depois de examinar e descrever cada um dos "corpos" de que se serve o Eu para se expressar e fazer experiência, passemos agora a outro aspecto relativo a esse assunto e de utilidade prática. Esse aspecto é o da "purificação" e aperfeiçoamento desses corpos ou instrumentos do Eu.

A purificação e o aperfeiçoamento representam duas fases de um processo de amadurecimento, de um trabalho lento e gradativo a ser feito para podermos reencontrar a unidade subjacente à aparente multiplicidade e despertar para a consciência da nossa verdadeira natureza.

A primeira fase, a purificação, representa a libertação gradual dos condicionamentos, automatismos, impurezas e erros que podem ser encontrados nos veículos pessoais; a segunda, o aperfeiçoamento, representa o desenvolvimento e a evocação das verdadeiras qualidades, dos verdadeiros poderes e faculdades de tais veículos para que eles possam revelar a sua *justa função* de instrumentos de expressão do Eu.

Como já dissemos, o Eu, embora seja uno, tem três aspectos e qualidades, a saber:

a) a Vontade .... (o Pai);
b) o Amor .... (o Filho);
c) a Inteligência .... (a Mãe ou Espírito Santo).

Os três corpos da personalidade deveriam representar o reflexo e a expressão, no nível humano, desses três aspectos, como segue:

a) Corpo Mental .... Vontade;
b) Corpo Emotivo .... Amor;
c) Corpo Físico .... Inteligência Criativa.

No entanto, por estar nos primeiros estágios do caminho evolutivo inconsciente da sua natureza espiritual, o homem se identifica com a personalidade, com o eu superficial, falso e factício, e usa erroneamente os corpos pessoais e suas energias.

Cria assim uma dualidade, uma cisão do Eu, que é o manancial e a origem dos veículos pessoais, e a personalidade deve reconstruir a unidade pouco a pouco, desenvolvendo a consciência que constitui o meio e a ponte entre os dois pólos dessa dualidade.

Todo o caminho do homem, todo o seu lento e laborioso processo de amadurecimento, representa na realidade uma superação gradativa da aparente separação e afastamento do Eu, um reencontro da Unidade perdida.

Uma das verdades fundamentais do esoterismo é, com efeito, a da Unidade da vida. Trata-se de um conceito-chave, sem o qual é impossível chegar à completa auto-realização.

Em *A Doutrina Secreta,* de H.P. Blavatsky, deparamos com a seguinte afirmação:

"O Espírito e a Matéria são os dois aspectos do Uno, que não é nem Espírito nem Matéria, sendo ambos a vida Absoluta latente."

Também no homem vamos reencontrar essa verdade, pois nele os dois aspectos do Uno, Espírito e Matéria, se encontram para formar uma unidade cujo símbolo é a cruz. Esse "encontro" dá lugar à manifestação de um terceiro fator, a consciência, que representa ao mesmo tempo o produto e a ligação entre os dois aspectos: simbolicamente, o Pai-Espírito, unindo-se à Mãe-Matéria, dá vida ao Filho, que é a consciência.

Todavia, a consciência, tal como uma criança, cresce e se desenvolve pouco a pouco e deve ser continuamente alimentada, curada e "ativada" (como diz Sri Aurobindo). Na verdade, ela decorre de uma lenta "transformação da energia em consciência", ou seja, de um processo evolutivo gradual de tomada de consciência do verdadeiro objetivo e da verdadeira natureza das energias que compõem os veículos pessoais, a fim de dirigi-las para a sua função correta.

A purificação representa esse reencontro da "função correta" dos instrumentos do Eu, que se organizaram e evoluíram de maneira inconsciente, estabilizando-se em hábitos e automatismos errados.

A impureza, portanto, como já tivemos ocasião de dizer, nada mais é que uma "confusão funcional", um erro na utilização de um corpo ou de uma energia.

A palavra "purificação" vem da raiz sânscrita *pur,* que significa "livrar de contaminações"; exprime, pois, o trabalho a ser feito para se reencontrar o verdadeiro objetivo e a função real dos nossos corpos pessoais, libertando-os dos condicionamentos, falsidades e erros que os "separaram" do Eu, produzindo uma dualidade entre uma Realidade Superior latente e um eu inferior limitado e factício.

Só o gradativo despertar da consciência pode fazer-nos superar essa dualidade, essa separação denominada a "grande heresia", justamente porque é a origem de todos os males e sofrimentos do homem.

Não se trata, entretanto, de ignorar a existência, na manifestação, das diversas polaridades e dualidades necessárias ou de negar que também no homem existem dois pólos, dois aspectos do Uno. Trata-se de desenvolver uma capacidade particular, a de saber ver *a unidade na dualidade*, saber intuir que existe, como dizia Nicola Cusano, uma *coincidentia oppositorum*, porque tais opostos são, na verdade, "dois aspectos de uma única realidade".

Essa capacidade de compreender e captar o segredo da dualidade e sintetizá-la em uma unidade assinala um estágio evolutivo específico da consciência do homem que constitui a base da verdadeira auto-realização. A filosofia chinesa antiga intuíra essa verdade, apresentando o Absoluto como a união de dois aspectos, *Yang* e *Yin* (masculino e feminino), e dando como símbolo dessa união o *Tao,* que significava totalidade, execução, superação completa e harmonização das dualidades.

O homem alcança essa meta gradualmente, "espiritualizando a matéria e materializando o Espírito". Assim, o caminho de sua maturação interior tem duas fases principais que se distinguem por:

a) um trabalho de baixo para cima;
b) um trabalho de cima para baixo.

Que significam essas palavras? Significam que num primeiro momento o homem deve proceder a um esforço de elevação e libertação da consciência "iludido" pelos condicionamentos e falsas identificações, superando automatismos e hábitos que o mantêm aprisionado num falso "eu".

É a fase da aspiração e da elevação em que o Eu é visto como algo exterior a ser alcançado e no qual ocorre uma lenta e gradativa "desidentificação" e uma sublimação das energias físicas, emotivas e mentais.

É a fase da *espiritualização da matéria,* a fase "mística", que leva à tomada de consciência do Eu como entidade livre e separada da personalidade, como Testemunha Imóvel, Eterna e Silenciosa.

É a percepção do ser que, num primeiro momento, é visto quase em contraposição com o devir, com o pólo "matéria", e completamente *do lado de fora,* mas que num segundo momento se transforma em núcleo dinâmico, luminoso, ativo e consciente que se estende na direção dos seus instrumentos, na direção da matéria, para voltar a unir-se a ela.

Tem início, assim, a segunda fase, a de cima para baixo, em que o Eu "desce", digamos assim — ou seja, deixa de ser imóvel, passivo, mera testemunha, para envolver-se ativamente na "espiritualização" da matéria.

Nessa fase, aos poucos, o aspecto Espírito se manifesta, se exprime, penetra nos veículos que se tornaram quiescentes, receptivos, e a união entre os dois pólos se patenteia por sucessivas tomadas de consciência.

"A expressão do aspecto espiritual através do aspecto material produz união e determina o estágio da consciência de um indivíduo." (Sri Aurobindo, *Síntese da Ioga,* vol. III.)

A primeira fase constitui o período de "purificação", que é, com efeito, um trabalho de libertação de "contaminações", falsidades e erros funcionais durante o qual o homem aprende a ver, por trás das chamadas impurezas, por trás das negatividades e dos erros, a energia que os produziu, toma consciência do verdadeiro centro de si mesmo e descobre que "o mal nada mais é que o bem de cabeça para baixo".

Essa descoberta é uma espécie de iluminação, pois doravante ela fornecerá ao homem a chave que lhe facultará abrir a porta para a verdade de si mesmo.

A solução do problema central do homem, que se obstina em ver suas negatividades, seus defeitos como algo a ser destruído e combatido por todos os meios possíveis, está, ao contrário, em compreender o "segredo" escondido por trás do mal aparente, em captar a essência da energia que se oculta por trás do erro e do pecado e *virá-la de cabeça para baixo.* De fato, toda a nossa impureza, toda a nossa imperfeição é uma virtude distorcida, uma qualidade invertida. Por exemplo, a agressividade e a auto-afirmação nada mais são que a manifestação da vontade do Eu degradada e utilizada num nível inferior.

O apego, o amor possessivo e egoísta não passam de aspectos do amor do Eu contaminados pelo egoísmo e pelo medo do eu inferior.

Tudo provém do Eu. Não há nada no homem que não seja de origem divina ou não tenha o seu justo lugar em sua natureza.

Todavia, durante o longo período em que ainda não está cônscio de si mesmo, o homem vive mecanicamente, cria para si um eu falso e ilusório e deixa-se arrastar por seus desejos e impulsos, usando de forma distorcida e limitada as energias de seus veículos pessoais.

Às vezes pode acontecer que justamente o defeito mais enraizado em nós, e que constitui o maior obstáculo, o problema central da nossa vida, esconda a nossa mais concreta possibilidade, a força fundamental da nossa natureza. Uma vez compreendida e *virada de cabeça para baixo,* ela poderá tornar-se a nossa ajuda, o nosso guia, a característica predominante do nosso temperamento, que nos levará à mais elevada realização.

Os pecadores convertidos que mais tarde foram santificados, como Santo Agostinho, São Francisco ou Maria Madalena, usaram suas próprias energias e as características de seu temperamento para ir ao encontro de Deus e da Santidade. Eles não mudaram depois da conversão — apenas *canalizaram* as suas energias.

A chave do processo de transformação e sublimação está precisamente nesta verdade, pois nesse processo não se deve destruir nada, mas aprender a reconduzir à sua verdadeira origem todos os aspectos, todas as forças que devido à inconsciência do homem se viram degradados, contaminados e estacionados em automatismos e hábitos errôneos.

O verdadeiro mal não está na energia, mas em sua utilização incorreta e, sobretudo, em *manter separado o que está unido.*

Assim, o bem é tudo o que tende a unir, a fazer-nos superar a divisão e o afastamento do Eu e de Deus e a reconstruir a unidade subjacente à multiplicidade e cisão aparentes.

Toda forma de ioga (da raiz sânscrita *yug* = unir) é uma tentativa de "união" com o divino; por isso examinaremos nos próximos capítulos os diversos tipos de ioga, como caminho de volta para o ser e de realização do Eu espiritual.

A segunda fase do trabalho, ou seja, o aperfeiçoamento dos instrumentos do Eu, que opera "de cima para baixo", constitui a Ioga Integral.

Capítulo 11

O Caminho da Ação Consagrada
(ou *Karma-Ioga*)

Diz Sri Aurobindo: "... é sempre impulsionados por um elemento da existência inferior que nos elevamos à existência superior, e toda escola de ioga escolhe o seu próprio ponto de partida." (*Síntese da Ioga*, vol. I, p. 46.)

A Karma-Ioga, da qual nos ocuparemos neste capítulo, escolhe como "ponto de partida" o corpo físico, encarado como instrumento de ação e de experiência do Eu. O termo *Karme*, em sânscrito, significa *ação*. Assim, esse tipo de ioga tem como meio de realização do Eu e de união com o Divino a "ação", que, entretanto, deve ser *pura e desinteressada*, isto é, "consagrada".

Neste ponto, é bom esclarecer que a prática de qualquer tipo de ioga, se for vivida como meio de auto-realização espiritual, seja ele Karma, Bhakti, Jnana-Ioga ou outro, pressupõe já se ter alcançado certo nível de maturidade e pureza interior e a posse de uma sincera e ardente aspiração ao Divino.

A ioga, seja ela qual for, não é um conjunto de técnicas e métodos a serem aplicados do exterior, mas uma "senda interior" que se abre diante da pessoa que, a certa altura de seu caminho evolutivo, sente em si a exigência insuprimível de buscar sua verdadeira essência, de unir-se com o Divino porque, em virtude das superações ocorridas dentro dela, da purificação e do desenvolvimento da consciência efetuados, *está pronta para fazer isso.*

Assim, a Karma-Ioga só pode ser praticada pelos que superaram até certo ponto a identificação com o eu egoísta, com a personalidade, pelos que, tendo compreendido qual é o verdadeiro e único objetivo da vida, procuram adequar-se a ele.

Basta meditar sobre as palavras que Sri Aurobindo escreve a esse respeito para entender a profunda essência da Karma-Ioga, que ele chama de "o caminho das obras":

"O caminho das obras tende para a consagração de todas as atividades humanas à Vontade Suprema. Ele começa com a renúncia a todo e qualquer motivo egoísta em nossas obras, a toda ação executada com objetivo interesseiro e visando a um resultado mundano." (*Síntese da Ioga,* vol. I, p. 42.)

No poema sagrado hindu *Bhagavad Gita,* também encontramos muitos ensinamentos sobre a Karma-Ioga, ou caminho da ação consagrada, que nos explicam por que esse caminho só pode ser percorrido por quem alcançou um determinado grau evolutivo: "Aquele cujas ações estão isentas do impulso do desejo, cujas obras são consumidas pelo fogo do conhecimento, é chamado sábio pelos que sabem." (Canto IV, 19.)

Não nos esqueçamos de que por trás de toda forma de ioga há sempre o impulso do Eu que procura manifestar-se, utilizando este ou aquele dos seus veículos como instrumentos de expressão, ainda que tenhamos a impressão de que foi a personalidade que deu esse impulso "de baixo para cima". Na

Karma-Ioga, o Eu procura usar o veículo físico para expressar suas energias e seu propósito. O indivíduo que se sente atraído para a Karma-Ioga não se dá conta disso conscientemente, mas um impulso irresistível e espontâneo o leva a percorrer tal caminho, que para ele é o "de menor resistência".

Na realidade, o Eu pode exprimir-se através do veículo que se apresenta mais purificado e livre de condicionamentos. Eis por que a forma de ioga para a qual somos mais atraídos indica também qual dos nossos corpos pessoais é o mais evoluído e apurado.

A Karma-Ioga, contrariamente ao que muitos poderiam pensar, não corresponde à senda das ações filantrópicas, das obras altruístas grandiosas e programadas, mas a uma atitude interior específica que consiste numa disponibilidade total, numa aceitação completa dos eventos da vida que nos capacita a transformar cada ação num "ato sagrado".

A Karma-Ioga é, de fato, o caminho da ação e das obras — portanto, um caminho ativo. Mas essas ações e essas obras podem ser humildes, comuns, obscuras e terem, não obstante, uma qualidade particular, uma característica que as distingue: a pureza do móbil e a indiferença para com os resultados. Isso faz com que cada ato executado, mesmo o ato aparentemente mais insignificante e desprovido de importância, se torne uma "ioga", ou seja, um meio de aproximação do Divino e de realização do Eu.

Com efeito, os requisitos fundamentais em que se baseia a Karma-Ioga são:

a) o desprendimento;
b) a equanimidade;
c) a unidade;
d) a liberdade.

a) O *desprendimento* refere-se sobretudo aos "frutos da ação" e é uma qualidade que só se manifesta depois que alcançamos a capacidade de executar "a ação pela ação", movidos por uma energia interior espontânea, por nossa criatividade, por nossa vitalidade, sem atentar para os resultados, mas sentindo apenas a alegria e a plenitude das energias que se exprimem livremente. Isso pode parecer difícil, mas se pensarmos no artista, no artista verdadeiro, que ao realizar as suas obras é impulsionado irresistivelmente por uma exigência criativa autêntica e profunda proveniente de seu íntimo, teremos um exemplo da ação vivida com desprendimento e na qual, embora inconscientemente, o que age é a energia do Eu, e não o eu pessoal.

b) A *equanimidade* é a tradução imperfeita do termo sânscrito *samatha,* que significa "serena invariabilidade da alma e da mente em face de todos os seres, coisas e acontecimentos". Portanto, o termo exprime um estado de espírito profundamente calmo, tranqüilo, imperturbável, não afetado por nenhum tipo de emoção, medo ou desejo. Ele expressa justamente o resultado da superação do plano emotivo e é uma conseqüência lógica do desprendimento.

c) A *unidade* é o requisito que se fundamenta numa consciência de participação, de comunhão com tudo quanto existe. É a experiência de sentir-se "uno com todos e com tudo" em cada nível, da qual decorre a capacidade de perceber a totalidade, a harmonia subjacente às aparentes divisões e separações, e de superar a dualidade ilusória entre o Espírito e a Matéria. Essa capacidade nos impele a fazer cada coisa como "um ato sagrado", como uma oferenda ao Divino.

d) A *liberdade* é a dissolução de todo vínculo, de todo apego, de todo condicionamento, e por isso deve ser interpretada como "liberdade para..." e não "liberdade de...".

Essa liberdade surge quando o homem se torna um perfeito instrumento do Eu, de tal modo que não é ele quem age, mas a força espiritual que nele habita.

Esses requisitos, como é óbvio, representam uma consecução, mas todos eles devem ser levados em conta por aquele que procura praticar a Karma-Ioga.

Neste ponto, cabe dizer que todos, mais cedo ou mais tarde, ao longo de seu caminho evolutivo, passam por um período dedicado à Karma-Ioga, porque esta representa um método de purificação e sublimação da tendência para a atividade no plano físico, do mesmo modo que a Bhakti-Ioga representa um método de sublimação das energias do corpo emotivo e a Jnana-Ioga, das energias do corpo mental.

Dizem as doutrinas esotéricas orientais que a matéria física possui três qualidades ou *guna*, quais sejam:

tamas (inércia);
rajas (atividade);
sattva (ritmo).

O homem deve passar de *tamas* a *rajas*, ou seja, do estado natural de inércia para a capacidade de ação, e depois aprender a equilibrar os dois *guna* — que, na realidade, representam dois pólos extremos — desenvolvendo a capacidade do ritmo (*sattva*).

A primeira fase é a do desenvolvimento da nossa capacidade de ser ativos e laboriosos, de cumprir todas as tarefas práticas que a vida nos apresenta, superando a preguiça e a inércia inerentes à matéria física.

"Faça o que está prescrito, pois a atividade é melhor que a inércia...", diz o *Bhagavad Gita*. E essas palavras significam que, para alcançar a capacidade de ação pura e consagrada (a Karma-Ioga), o homem deve desenvolver primeiro a capacidade de ser ativo, de desempenhar o seu *dharma*, ou seja, as tarefas e os deveres que a vida lhe apresenta.

Num segundo momento, quando começa a despertar nele a consciência do verdadeiro significado da vida e o anseio de realizar-se espiritualmente, ele aprende a "sublimar" sua capacidade de agir, dedicando cada uma de suas ações à Vontade Suprema do Eu, superando todo motivo interesseiro e egoísta. Nesse ponto tem início a verdadeira Karma-Ioga.

Na realidade, toda ioga é não apenas um caminho conducente à realização do Eu, mas também um método. Na Karma-Ioga, o método consiste em aprendermos a agir abrindo-nos às energias do Eu, oferecendo nossa vitalidade, nosso instrumento físico e nossas capacidades de ação ao Divino, ao Senhor das Obras (como Sri Aurobindo costuma chamá-lo), tornando-nos assim um canal de uma Vontade Superior, de um propósito que transcende nossos mesquinhos interesses pessoais, nossos objetivos egoístas e limitados.

Dissemos há pouco que a fase inicial dessa consecução consiste em aprender a cumprir a ação pela ação, de maneira livre e espontânea, em sintonia com as forças da natureza e do universo.

A segunda fase consiste em passar dessa *espontaneidade inconsciente* para um estado de *consciência espontânea,* que requer a conciliação entre a vontade e a criatividade natural e primária.

Quando se chega a esse estágio, toda atividade é também uma alegria e todo dever é também um prazer, pois todo obstáculo interior é superado, todo interesse egoísta é esquecido, toda ânsia ambiciosa é completamente suprimida. Em outras palavras, o que age não é o eu pessoal, mas o Eu que se exprime através do instrumento físico usando todas as capacidades, faculdades e dons da personalidade, propiciando uma sensação de plenitude, poder, harmonia e alegria.

O caminho para se chegar a esses desenvolvimentos passa por avanços e maturações sucessivos e graduais. É o caminho da experiência cotidiana enfrentado de maneira corajosa e consciente, com plena aceitação e participação. É o caminho que não nos leva a retirar-nos do mundo e da vida exterior, mas, ao contrário, nos faz imergir ativamente nesse mundo e nessa vida para apreender o significado dos eventos e ver neles o funcionamento das leis superiores.

"Transformar tudo em ato sagrado" significa exatamente isto: fazer de cada experiência, de cada ação, uma oportunidade de progresso interior e de superação dos nossos limites egoístas. Significa saber penetrar as aparências exteriores e materiais e ver os significados profundos e universais que nelas se ocultam; significa, sobretudo, transformar e sublimar cada ação e cada energia numa oferenda ao Divino.

Corretamente praticada, a Karma-Ioga conduz o homem à auto-realização espiritual porque lhe permite abrir-se para as energias e a consciência do Eu e superar a identificação com o eu pessoal, purificando-o dos apegos, do egoísmo, do orgulho e da ambição, e levando-o a desenvolver todos os seus aspectos pessoais. De fato, a prática da Karma-Ioga desenvolve também o corpo emotivo e o corpo mental, pois um torna-se canal do Amor do Eu e o outro um instrumento de cognição.

O ponto culminante da Karma-Ioga está muito bem expresso nas palavras do *Bhagavad Gita:*

"Sábio e devoto é aquele que sabe ver a ação na inação e a inação na ação."

Essas palavras indicam o estado de desprendimento, estabilidade e serenidade interiores proporcionados pela consciência do Eu, mas que, sem embargo, não impedem a ação, a participação na vida. É um estado de perfeito "alinhamento" entre o Eu e a personalidade, que agem simultaneamente e em completa sintonia.

É então que o homem pode transformar a Karma-Ioga em serviço.

De fato, o verdadeiro serviço é a expressão suprema da ação consagrada, da Karma-Ioga, visto que exprime a energia do Eu em atos de amor, compaixão e serviço ao próximo de modo espontâneo, livre de egoísmo e de motivos interesseiros. É um fluxo natural de luz e amor de um para o outro, uma irradiação pura, não-motivada, proveniente do manancial interior e que se traduz em ações, obras e atitudes que promovem a evolução, o despertar e o bem da humanidade.

Antes de chegar à Karma-Ioga como serviço, precisamos purificar o nosso modo de agir, consagrar a nossa capacidade de ação ao Divino e adequar a nossa vontade à Vontade do Eu.

CAPÍTULO 12

O Caminho da Sublimação das Emoções (ou *Bhakti-Ioga*)

A Bhakti-Ioga corresponde ao que no Ocidente é chamado o "caminho místico" e utiliza como meio de união com o Eu e o Divino o corpo emotivo. É, pois, o caminho adequado para aqueles que, por temperamento ou devido a experiências particulares, desenvolveram e purificaram o aspecto emocional de sua personalidade.

Um veículo pessoal não pode servir de intermediário com o Ser Superior se não alcançou certo grau de pureza e elevação, uma vez que, como já tivemos oportunidade de dizer, o Eu só se pode exprimir nos subplanos mais elevados e apurados dos corpos da personalidade, ou seja, o primeiro, o segundo e o terceiro (a começar do alto), cujas vibrações são mais sutis e elevadas.

A base da Bhakti-Ioga e do misticismo é a aspiração ardente e o amor à Divindade e ao transcendente em sentido lato, que são vivenciados como uma realidade exterior e superior à qual nos devemos reunir. Esse caminho é chamado também, por essa razão, o caminho do amor e da devoção.

Muitos consideram esta ioga inferior às outras exatamente por esse senso de dualismo e separação da Divindade que a caracterizam, mas em verdade não é assim.

É certo que não existe separação do Eu e da Entidade Suprema, pois tudo é "uno" e o dualismo não passa de ilusão. Todavia, em nossa consciência limitada e identificada com o relativo, perdemos esse sentido da unidade, e a dor da separação e o desejo de nos reunir ao Absoluto são os sintomas reveladores do erro em que estamos imersos.

Não basta estarmos intelectualmente convencidos de que existe uma unidade subjacente à multiplicidade aparente de que o Eu e os seus veículos pessoais são "unos", porque essa convicção intelectual não nos leva a superar as falsas identificações e as limitações que criamos em nossa consciência. Precisamos empreender um longo trabalho para reencontrarmos o senso de união e identidade com a Realidade interior, libertando-nos dos condicionamentos, automatismos e ilusões que mantêm a nossa consciência prisioneira de um senso ilusório de dualismo.

O *bhakti*, ou seja, aquele que trilha o caminho do Amor ao transcendente, sente mais fortemente do que os outros a dor da separação e tem um desejo constante e ardoroso de superá-la. É irresistivelmente atraído para o alto, para o pólo superior, e traduz em *amor* e *devoção* esse senso de atração.

O amor torna-se, sem que ele se dê conta disso, uma técnica de união com o Divino e o Eu, e de fato ele consegue, ainda que de modo eventual e esporádico, sentir essa união nos momentos mais elevados chamados *êxtase* ou *samadhi* (para usar o termo sânscrito), em que o dualismo e a separação cessam e ele experimenta a fusão com o Amado.

Portanto, esse caminho não é inferior aos outros. Pelo contrário, uma vez que oferece a possibilidade de se fazer a "experiência direta" de união com o Divino, é talvez superior, sob certos aspectos.

O *bhakti,* assim como o místico, se define como "aquele que busca o contato direto com Deus" através de experiências individuais, sem a ajuda do conhecimento e da vontade, mas apenas com a força da aspiração e do amor.

Dionísio, o Areopagita, escreve que "para realizarmos o Ser em nós mesmos precisamos superar as imagens sensíveis, os raciocínios do intelecto". E continua: "... Esse conhecimento perfeito de Deus resulta de uma sublime ignorância e se cumpre em virtude de uma união incompreensível... Essa ignorância absoluta e feliz não é, pois, uma privação, mas uma superioridade de ciência. Tal ciência é a doutrina mística que nos conduz a Deus e a Ele nos une, uma espécie de iniciação que nenhum mestre pode ensinar."

Nesse sentido, a Bhakti-Ioga é superior às demais iogas, porque a união com o Eu e com Deus é uma experiência direta, autêntica e espontânea, que parte do coração e dos sentimentos e tem a conotação da verdade.

Essa experiência, contudo, é subjetiva e individual e não pode ser repetida à vontade, exatamente porque se baseia nas emoções, que seguem um ritmo involuntário e espontâneo.

Entretanto, a verdadeira Bhakti-Ioga representa também uma consecução, pois quem percorre esse caminho já alcançou certo nível de maturidade interior e, como dissemos, certa purificação do corpo emotivo.

Há nesse caminho diversos estágios que representam níveis evolutivos, e poderíamos subdividi-los em dois grandes grupos:

a) o estágio do devocionismo;

b) o estágio do misticismo puro.

Analisemos separadamente esses dois estágios.

O primeiro é aquele em que o indivíduo, mesmo sentindo o impulso espontâneo e autêntico para algo elevado, não consegue deixar de "personalizar" esse algo, ou seja, de dar-lhe um vulto, um nome, uma forma. Embora sincera, a aspiração é condicionada pela incapacidade de sentir o divino de forma impessoal e abstrata e por esta razão se procuram "símbolos", representações ou pessoas suscetíveis de receber uma "projeção" da Realidade Superior por parte do "devoto".

Essa atitude de devoção nos leva, por conseqüência, à necessidade de ter um guia, um Mestre, um Instrutor e, em sentido lato, um apoio que nos sustente durante o caminho, que nos indique o rumo e, por fim, substitua o Eu interior ainda não percebido subjetivamente.

A relação do devoto com o objeto de sua devoção e reverência é, pois, uma relação de dependência, passividade e obediência cega que pode levar, no limite extremo, à incapacidade de crescer e amadurecer, assim como (fato ainda mais negativo) ao fanatismo e ao exclusivismo.

Os aspectos mais negativos desse estágio são justamente o recolhimento e o fanatismo, que podem derivar da unilateralidade e da concentração excessiva dos sentimentos num único objeto que, por ser relativo e limitado, não conduz à totalidade e ao verdadeiro sentido de unidade.

O estágio do devocionismo, de qualquer forma, é um estágio útil e necessário que muitas pessoas devem atravessar e que serve para sublimar a energia emocional e canalizá-la para uma única direção, a fim de dar-lhe estabilidade e capacidade de focalização.

A devoção sincera é uma forma de amor puro e desinteressado, e esse é o seu aspecto mais positivo e purificador.

A palavra *devoção* significa "saber doar-se", "saber consagrar-se", e indica uma capacidade de dedicação, lealdade, constância e sacrifício que se faz eminentemente necessária no caminho conducente à auto-realização espiritual.

Gradativamente, a tendência ao devocionismo se transforma em misticismo puro, ou seja, perde a necessidade de personalizar a Divindade, interioriza-se, purifica-se, eleva-se e torna-se irresistível aspiração a estabelecer uma "relação direta com Deus".

Já não bastam a reverência, a obediência, a devoção. Entra em jogo a exigência profunda de *união* e, portanto, de superação do dualismo, da separação.

Com efeito, as experiências místicas autênticas têm como característica fundamental o senso de comunhão, de fusão, de união com a Realidade transcendente, chame-se ela Deus, o Eu ou o Todo.

É esse senso de unidade que proporciona a inexprimível beatitude do estado chamado *êxtase* ou *samadhi,* já que, superadas todas as cisões, desarmonias e dicotomias, o místico se funde com o Uno e nele se desvanece.

A experiência mística baseia-se sempre nas emoções, que se sublimam e se elevam, num impulso de puro amor, até à Divindade que só de início é sentida como "exterior", pois a seguir se torna "interior", no momento da união e do êxtase.

Essa experiência, porém, é esporádica, involuntária (ou seja, não pode ser repetida à vontade) e não-duradoura. Por isso o místico alterna períodos de elevação e alegria intensa, quando está na fase ascensional e de contato, com períodos de dor e trevas, na fase de descida e de separação de Deus.

Cada experiência de êxtase é seguida por uma consciência de perda e de queda, chamada "a noite escura da alma", muito dolorosa e difícil de aceitar.

Todavia, esses momentos de união e contato direto, ain-

101

da que eventuais, são muito úteis para o desenvolvimento do indivíduo e têm grande importância no caminho evolutivo do homem, pois lhe dão a certeza da existência do Eu e da Realidade Superior e o impulso de seguir adiante e purificar-se para poder reconquistar aquele estado de consciência.

Mais cedo ou mais tarde, precisamos atravessar um período de misticismo puro enquanto avançamos para a completa auto-realização, pois ele nos abre o caminho para a experiência direta, que é superior ao conhecimento intelectual e à pesquisa teórica, porque muda o nosso estado de consciência e nos propicia a visão precisa da Realidade.

O místico, contudo, deve aprender a não se deixar abater pelos períodos de incerteza e também a utilizar os outros meios de união com o Divino, ou seja, a mente e a vontade, exatamente aqueles que poderão tornar mais estável e duradouro o contato e a união com o Eu.

A experiência de união através do emotivo, por maravilhosa, exaltadora e envolvente que seja, não é completa nem duradoura; e, sobretudo, não é comunicável nem transferível a outros. É de todo subjetiva e individual, e não pode ser ensinada com palavras.

Por essa razão o místico, tão consciente de suas limitações quanto da verdade de suas experiências interiores, sentirá, mais cedo ou mais tarde, a necessidade de trilhar outros caminhos, de ampliar o seu conhecimento e de desenvolver outras capacidades, porque o contato com o Eu e com o Divino lhe fizeram entender que o Amor não é apenas uma realização individual e subjetiva, não é uma consecução a ser guardada para si, mas algo a ser transmitido, difundido, não só irradiando-o, mas possibilitando aos outros experimentá-lo em sua verdadeira essência de união com o Eu.

Como todas as outras iogas, a Bhakti-Ioga, ou caminho místico, deve ser, pois, a certa altura da jornada evolutiva do homem, integrada com os outros meios e desenvolvimentos interiores. Então, ela revelará ainda mais a sua beleza e utilidade, porque o verdadeiro Amor a Deus, que constitui a base da Bhakti-Ioga, é inseparável do conhecimento e da vontade e só se pode traduzir em ação pura e desinteressada.

CAPÍTULO 13

O Caminho do Conhecimento (ou *Jnana-Ioga*)

O caminho do conhecimento (em sânscrito, *jnana-ioga*) utiliza o corpo mental, em seus aspectos mais elevados, como meio de união com o Divino e de realização do Eu. Esse meio, contudo, só pode ser usado depois que a mente alcançou certo grau de desenvolvimento e purificação, e por isso seria melhor defini-lo como o "caminho do conhecimento purificado".

A mente é um grande dom concedido aos homens, chamados nas doutrinas esotéricas "Os Filhos da Mente". Todavia, ela só revela todo o seu esplendor e poder depois de ter passado por diversas fases de amadurecimento e purificação, que correspondem aos sucessivos níveis evolutivos do processo de crescimento interior do homem.

De fato, nos primeiros estágios de seu desenvolvimento a mente também pode ser causa de ilusões e erros, pois está condicionada e é influenciada pelas sensações e emoções que lhe ofuscam a capacidade de conhecimento e de visão clara e completa das coisas. Eis por que todos os Instrutores espirituais, embora exortando os discípulos a desenvolver a mente, os alertam quanto a ela... Sri Aurobindo diz: "A mente é a ajuda, a mente é o obstáculo."

Ainda assim, a mente é o meio precioso e indispensável de que dispomos para alcançar o conhecimento da Verdade.

Neste ponto precisamos deter-nos para tentar entender o verdadeiro significado do termo *conhecimento*, que muitas vezes não é captado e percebido de forma correta e cabal.

Existe um conhecimento puramente intelectual e teórico que, para o propósito da realização espiritual, constitui mais um obstáculo que uma ajuda.

Escreve Sri Aurobindo: "O estado de conhecimento que a ioga prevê não é [...] um simples conhecimento intelectual ou um claro discernimento da realidade. É uma realização no verdadeiro sentido da palavra. Trata-se de tornar real para nós e dentro de nós o Eu, o Divino transcendente e universal." (*Síntese da Ioga,* vol. II, p. 24.)

Portanto, o verdadeiro conhecimento decorre da capacidade de saber usar a mente de maneira correta e tem o poder de transformar-se em consciência e realização.

Spinoza afirmava que se podem distinguir dois gêneros de conhecimento: o teórico e o afetivo. O primeiro é constituído por um modo de conhecer puramente intelectual, que se satisfaz em acumular teorias e noções que permanecem como especulações mentais abstratas. O segundo, ao contrário, é uma maneira de aproximar-nos do objeto a ser conhecido com "todo o nosso ser", de quase fundir-nos com ele a fim de compreender verdadeiramente seu significado e objetivo, vê-lo em sua totalidade e, portanto, "amá-lo". Por isso é chamado de "conhecimento afetivo".

De posse dessa capacidade de conhecer, utiliza-se a mente

da forma correta, não mais apenas como instrumento de análise, de especulação puramente racional e teórica, mas como meio de verdadeira "compreensão" e intuição da verdade que se oculta por trás das aparências.

Esse é o conhecimento que constitui a Jnana-Ioga, que, conquanto utilize a mente, é capaz de transcender o aspecto exterior das coisas e transformá-las em Sabedoria e Consciência.

É a "compreensão purificada" de que fala Sri Aurobindo.

A capacidade de conhecer dessa maneira é, sem sombra de dúvida, rara e representa uma consecução, fruto de maturações interiores que não se referem apenas a um desenvolvimento mental mas também, e sobretudo, ao grau do despertar da verdadeira consciência.

O sinal revelador de que, para conhecer, estamos utilizando a mente de forma correta é a mudança que se produz dentro de nós em conseqüência dos novos conhecimentos adquiridos.

No budismo zen se diz que o verdadeiro conhecimento "transforma o caráter", isto é, torna o homem mais maduro, mais consciente e mais livre.

Está claro, portanto, que só se pode iniciar a prática da Jnana-Ioga depois de um período de treinamento e preparação a fim de se alcançar certo grau de purificação da mente, baseado no desenvolvimento de algumas qualidades fundamentais que poderíamos chamar de "apoio", para se chegar à "compreensão purificada". Essas qualidades constituem "degraus" simbólicos ou etapas que nos levam gradativamente a realizar o verdadeiro e total conhecimento da realidade.

Essas qualidades, mencionadas no livro *Ioga Integral* de H. Chauduri, são as seguintes:

1. Discernimento
2. Desprendimento

3. Autodisciplina
4. Aspiração à liberdade
5. Escuta
6. Reflexão
7. Meditação

Examinemo-las uma a uma.

1. *Discernimento*

No sentido mais elevado, "discernimento" significa saber distinguir entre o real e o irreal, entre o absoluto e o relativo. Mas essa capacidade é fruto de um desenvolvimento gradual da faculdade de optar e distinguir entre o essencial e o não-essencial, entre o verdadeiro e o falso. É, pois, uma espécie de "sensibilidade" da mente que nada tem a ver com o raciocínio, com a lógica e com o processo normal de análise. De fato, o discernimento só começa a manifestar-se depois que a mente alcançou certo grau de pureza e liberdade e quando se subtraiu à influência das emoções e dos desejos. Só então pode a mente exprimir a sua função de órgão de verdadeiro conhecimento e de ponte entre nós e o mundo do real, tendo-se libertado de todos os condicionamentos e preconceitos acumulados no decorrer do tempo e que se tornaram mecanismos e hábitos mentais. Está claro, pois, que a qualidade do discernimento é fundamental para se iniciar o caminho da Jnana-Ioga.

2. *Desprendimento*

Esta qualidade é, na realidade, a conseqüência do discernimento e significa completa objetividade e imparcialidade, liberdade absoluta de todos os preconceitos, das idéias pré-concebidas e sobretudo das preferências pessoais no campo do conhecimento.

É preciso refletir a respeito desta última palavra, *preferência,* porque ela encerra um obstáculo muito sutil e enganoso, do qual dificilmente nos damos conta. De fato, com freqüência baseamos as nossas convicções intelectuais, as nossas idéias e os nossos conceitos a respeito da vida, do homem e da espiritualidade não num conhecimento efetivo, mas numa "simpatia", numa atração inconsciente (e, portanto, numa "preferência") por determinadas teorias e conceitos. Essa atração inconsciente, ou preferência, pode basear-se numa ambição oculta, num apego emotivo não-superado, num medo, num condicionamento remoto do qual não temos consciência...

Assim, para poder atingir de fato o verdadeiro conhecimento, precisamos afastar-nos completamente das "preferências", chegar a uma completa imparcialidade e objetividade e à capacidade de saber colher a verdade em cada linha de pesquisa, em cada doutrina, em cada formulação de opiniões e de conceitos para alcançar uma síntese superior.

3. *Autodisciplina*

Como é fácil intuir, para se alcançar tanto o discernimento como o desprendimento é necessário um longo período de preparação e treinamento, ou seja, de autodisciplina, que leve à libertação dos condicionamentos mentais, à desidentificação do eu pessoal, à superação da auto-afirmação, do orgulho, dos desejos e motivos egoístas e à obtenção do poder de concentração e silêncio mental.

Quem sente o anseio sincero de tomar consciência do Eu e conhecer o mundo da realidade submete-se de bom grado e espontaneamente a uma autodisciplina, porque todas as suas energias são dirigidas para uma única meta e a sua vontade tem um objetivo único: a auto-realização espiritual. Portanto, essa exigência de autodisciplina não nos deve fazer pensar em algo imposto, repressivo e não-espontâneo, pois surge naturalmente no espírito do indivíduo, como exigência insuprimível, quando ele está pronto para encetar o caminho da ioga.

Aliás, pode-se dizer que um dos sinais que indicam a maturidade de uma pessoa e sua efetiva adesão à influência magnética do Eu é o desejo de crescimento, do desenvolvimento e autoformação, seu esforço constante para superar os obstáculos que se interpõem entre ele e a meta, e sua submissão voluntária a uma autodisciplina.

4. Aspiração à liberdade

Se quiser conhecer a realidade, a mente deverá ser livre, ou seja, não poderá apegar-se a nenhuma linha de pensamento específica, a nenhuma teoria, a nenhuma doutrina.

"Não devemos ficar apegados a nada, nem mesmo à Verdade à qual estamos solidamente ancorados...", diz Sri Aurobindo. De fato, a mente só pode ser um órgão de verdadeiro conhecimento e auto-realização se permanecer aberta, flexível, sempre pronta para receber novas idéias e abandonar as convicções passadas, sempre disposta a não se apoiar em nada, pois cada idéia, cada convicção pode transformar-se num condicionamento que impede a pesquisa ulterior, a visão completa baseada na síntese e na liberdade.

No início, aquele que percorre o caminho da Jnana-Ioga tem apenas a aspiração à liberdade, e não a própria liberdade, mas essa aspiração é a base indispensável da qual se pode partir rumo ao verdadeiro conhecimento e à experiência autêntica do Eu.

5. Escuta

Esta palavra, *sravana* em sânscrito, refere-se na realidade à atitude do discípulo para com o guru, mas pode também aplicar-se, em sentido abstrato, conforme está escrito no *Vedanta,* à abertura do espírito individual para o Ser Supremo, ou seja, à receptividade da mente superior ao mundo da realidade.

Em outras palavras, a escuta é uma atitude interior que o aspirante espiritual alcança pouco a pouco por meio da autodisciplina, da purificação e do desprendimento, que lhe torna a mente aberta, receptiva e capaz de "silêncio".

Não se trata de uma atitude passiva, mas de uma atitude de extrema vigilância, de intensa focalização, livre, porém, de pensamentos e idéias. Poderíamos chamar-lhe um "vazio de espera e de consciência", que se converte em verdadeira força de atração e produz o contato com a Verdade e a Sua revelação.

"Há uma transmissão direta de potência (por parte do Eu). A visão da Verdade, que estava adormecida no discípulo, acende-se e se propaga." (De *Ioga Integral,* de Haridas Chauduri, p. 70.)

6. *Reflexão*

A visão da Verdade é como um raio de luz que ilumina as trevas: para fazer com que o efeito dessa luz, dessa revelação, se consolide e não seja dispersado a seguir por eventuais dúvidas e incertezas, é necessário que o discípulo se concentre e reflita.

É esse processo de reflexão que transforma a intuição em conhecimento mental e reordena as novas idéias num todo orgânico, apreendendo-as e concretizando-as. Aos poucos, a reflexão torna-se mais profunda e sistemática e se transforma em meditação.

7. *Meditação*

Chega-se à meditação de maneira quase natural, depois de atravessar todas as outras etapas necessárias à Jnana-Ioga, porque a verdadeira meditação é um poder contido na mente, quando ela se volta para si mesma e manifesta a sua mais elevada faculdade: ser uma ponte com o nível de consciência do Eu.

De fato, consoante está escrito no livro *Ioga Integral*, já citado: "A meditação tem o poder de transformar a compreensão intelectiva em compreensão não-intelectiva, o conhecimento filosófico em conhecimento espiritual propriamente dito. O dualismo do intelecto só é superado graças à meditação" (p. 71). A meditação é, portanto, o meio mais eficaz e direto para se chegar ao conhecimento, porque o órgão empregado não é a mente inferior, contaminada pelo eu pessoal, mas a mente superior, livre, purificada e capaz de usar a intuição. O conhecimento obtido através da Jnana-Ioga tem como eixo principal o conhecimento do Eu, pois nenhum outro tipo de conhecimento teria significado ou valor se não orbitasse em torno desse eixo, o único capaz de dar ao homem a capacidade de saber, de ver e realizar a Verdade.

* * *

Do exame das sete qualidades necessárias à Jnana-Ioga resulta, pois, que esse caminho interior, como de resto também os demais, não está de todo separado dos outros aspectos da personalidade. Em outras palavras, se a mente alcança a pureza e exprime a sua verdadeira função de ponte com o real, daí resulta também a purificação do aspecto emotivo e do corpo físico.

A ascensão para o Eu de um dos corpos da personalidade influi indiretamente sobre outros corpos, que pouco a pouco terão de se adequar às vibrações mais apuradas provenientes dos subplanos superiores daquele veículo.

Conquanto nos diversos tipos de ioga por nós examinados até agora haja uma nota particular que prevalece e constitui a linha de menor resistência, quando ocorre o contato com o Eu não pode deixar de haver uma elevação de toda a personalidade.

Isso nos leva a constatar que o Eu é uma totalidade, que a sua expressão é a completude e que, portanto, para obter uma verdadeira e perfeita auto-realização, devemos unir a Ele todos os aspectos da nossa personalidade por meio de uma *Ioga Integral*, capaz de nos purificar e transformar.

Dessa Ioga Integral falaremos no próximo capítulo.

Capítulo 14

O Caminho da Síntese
(ou *Ioga Integral*)

Depois de examinar as três iogas principais, Karma, Bhakti e Jnana-Ioga, que utilizam respectivamente os três veículos da personalidade para reconstruir a unidade com o Eu, passamos agora a falar de outro tipo de ioga, que constitui o resultado e a síntese dos outros três na medida em que utiliza a personalidade por inteiro e todos os seus aspectos e energias para reunir-se ao Divino. Por essa razão essa ioga é chamada "integral".

Ao examinar as outras iogas, dissemos que, à medida que nos aproximamos da meta, quaisquer que sejam o caminho e os meios seguidos para alcançá-la (sejam eles a Karma, a Bhakti ou a Jnana-Ioga, vale dizer, o corpo físico, o corpo emotivo ou o corpo mental), os outros aspectos da personalidade também se purificam e se elevam e tendem a harmonizar-se com a energia central usada como meio de união com o Eu.

Assim como os raios de uma roda ficam bem distantes entre si quando estão presos ao círculo externo e, ao contrário, se aproximam, convergem e se tocam no centro, os diversos caminhos e métodos que conduzem ao contato e à união com o Eu são muito diferentes entre si no início do caminho e parecem quase contrastantes mas, quando a pessoa que os pratica está próxima da realização, eles tendem a se reaproximar, a completar-se e quase a fundir-se, porque o Eu é completude e totalidade, e a sua influência leva necessariamente ao desenvolvimento de todos os aspectos pessoais e à sua integração numa perfeita unidade.

Temos, assim, a prova de que a realização e o despertar do Eu, para serem completos e perfeitos, devem ser totais e não parciais, resultando na transformação de toda a personalidade.

A Ioga Integral tende desde o início para essa totalidade, propõe-se como técnica porque utiliza todas as energias, todos os aspectos da personalidade, não deixando de lado nada do que é humano.

De fato, a Ioga Integral tem por finalidade a transformação total das substâncias que compõem os veículos pessoais e usa como meio para alcançar esse fim a energia do Eu que aflui à personalidade por efeito de uma abertura e de um contato.

Eis por que se diz que a Ioga Integral opera "de cima para baixo", em vez de "de baixo para cima", como as outras iogas.

Em outras palavras, é a "descida" da energia espiritual para os corpos pessoais que produz, nesse tipo de ioga, uma regeneração das substâncias e das forças que os compõem, reconduzindo-os à "função correta" e, portanto, recriando a unidade entre eles e a fonte de onde brotaram.

Esse caminho está em perfeita sintonia com a característica central da Nova Era, na qual prevalece a influência do signo de Aquário e do Sétimo Raio da realização, que tende a fazer com que o Espírito desça até a Matéria e a exprimir a espiritualidade na vida de cada dia e em cada manifestação e atividade humana.

Na época precedente, que se encontrava sob a influência do signo de Peixes e do Sexto Raio do misticismo e da devoção, prevalecia a tendência à aspiração ao alto, à ascensão, à sublimação e, portanto, à renúncia ao mundo, o desprezo de tudo o que era material e exterior. Em outras palavras, prevalecia a Bhakti-Ioga com o seu ascetismo, devocionismo e senso de separação da Divindade e do Eu, que eram vistos como algo exterior e sublime, a ser alcançado e amado.

Esse período de "subida" e elevação é necessário para o desenvolvimento do homem na medida em que produz a "desidentificação" e o desprendimento, ou seja, a liberação da consciência do Eu pelo seu envolvimento e pela fusão com os corpos pessoais.

Infinito é o número de pessoas que ainda necessitam dessa elevação e desidentificação e que, portanto, não podem obedecer às novas influências porque não alcançaram um grau suficiente de despertar da consciência e aquela atitude interior particular chamada da Testemunha ou do Espectador, que permite "ver" os veículos sem maiores envolvimentos.

"Antes de poder unir é preciso dividir...", diz Allan Watts em seu livro *O Significado da Felicidade,* pois o Eu, ao encarnar e ao imergir na matéria dos seus instrumentos de expressão, identificou-se com eles e perdeu a consciência de si mesmo: deve ser, portanto, "libertado" e "separado" da matéria-prima antes de poder unir-se a ela conscientemente.

Assim, a Ioga Integral propriamente dita só pode ser seguida e praticada depois de um período de preparação e purificação que leve a uma primeira abertura, ainda que incompleta, para o Eu e à emersão da consciência da Testemunha interior, ou Espectador desprendido. Ela representa um centro de consciência firme, livre e objetivo pelo qual se pode operar "do alto" nos veículos pessoais para produzir a necessária transformação e regeneração das suas energias.

Enquanto nas outras iogas o eu pessoal procura elevar-se, projetar-se para o "alto" com um movimento *vertical* e ascensional, na Ioga Integral o eu se abandona, se abre, "se oferece" ao Eu para que este o transforme e regenere.

Por isso, a base dessa ioga é, como diz Sri Aurobindo, *a doação de si,* ou seja, uma rendição incondicionada ao Divino, uma aceitação total da vida, não passiva, mas ativa e criativa, porque *tudo* pode ser transformado em ioga: "Cada experiência, cada contato exterior com o mundo que nos rodeia, por insignificantes e desastrosos que possam parecer, servem secretamente à obra, e cada experiência, mesmo o sofrimento mais repugnante ou a queda mais humilhante, torna-se uma etapa no caminho da perfeição." (Sri Aurobindo, *Síntese da Ioga*, vol. I.)

Essa "doação de si" é uma verdadeira técnica que só pode ser praticada depois de se alcançar um estado de *desidentificação* dos instrumentos do Eu, como já dissemos, que lança a base necessária para se poder iniciar o trabalho.

Esse trabalho, ou técnica, compreende três fases que correspondem aos três veículos da personalidade:

a) silêncio mental;
b) calma emotiva;
c) relaxamento físico.

Essas três fases constituem em seu conjunto uma atitude particular da consciência que Aurobindo chama de "imobilidade interior": um estado de perfeita tranqüilidade, vigilante e consciente, de silêncio, abertura e vazio, que impede a repetição mecânica dos pensamentos, das emoções e das sensações e, ao mesmo tempo, permite receber a força divina que desce do alto.

Na Ioga Integral, os três corpos da personalidade devem ser purificados e transformados, inclusive o corpo físico. Por isso é muito importante atingir um estado de relaxamento e tranqüilidade física que não é apenas um estado de distensão muscular, mas uma "imobilidade celular", como lhe chama a Mãe. Não é fácil compreender o que vem a ser essa "imobilidade celular", mas podemos intuir que ela significa um estado de abertura e passividade da matéria física que influi também nos órgãos e nas células, tornando-os sensíveis e receptivos à energia espiritual.

De fato, a Ioga Integral prevê, como ponto alto de seu trabalho, a transformação total também do veículo físico e da matéria que o compõe e até de todos os órgãos "... pois os órgãos são apenas os símbolos materiais dos centros de energia, não são a realidade essencial. O corpo transformado funcionará por meio dos seus verdadeiros centros de energia..." (a Mãe).

Todavia, essa é uma meta muito longínqua para a maioria dos homens, que ainda devem trabalhar para alcançar aquela que é a base de uma verdadeira obra de transformação, ou seja, a autêntica consciência.

O objetivo fundamental que a Ioga Integral se propõe, como efeito da gradativa transformação das energias que compõem os veículos pessoais, é o nascimento da consciência.

Da fusão gradual do Espírito e da Matéria (entendendo-se por esta última não apenas a matéria física, mas também a que compõe os corpos sutis), produzida pela descida da energia do Eu, nasce um terceiro fator: o filho, ou seja, a consciência.

A personalidade em seu conjunto, tornando-se quiescente e receptiva graças à doação de si, transforma-se em "Mãe", ou seja, na matriz por excelência que pode gerar o Filho por efeito da descida da energia do Pai (o Espírito).

"Sem Ísis não nasce Hórus, nem Cristo sem Maria", reza um antigo aforismo oculto — vale dizer, a consciência do Eu, o filho, simbolizada por Hórus, por Cristo, etc., não pode manifestar-se se não houver uma "Mãe". Essa Mãe, entretanto, deve ser "Virgem", ou seja, pura e receptiva, livre de contaminações e condicionamentos, perfeitamente quiescente e "imóvel".

Tal é o segredo da transformação e do nascimento da verdadeira consciência.

E pouco a pouco tudo é transformado, regenerado e iluminado, inclusive o lado inconsciente de nós mesmos, a "metade obscura", o outro pólo da nossa natureza, misterioso receptáculo de energias poderosas e maravilhosas.

A Ioga Integral, que tem por finalidade a perfeição total, a regeneração completa, não pode ignorar o inconsciente. E, de fato, a prática dessa ioga faz com que os níveis subconscientes do nosso ser também venham à luz e se transformem de maneira natural e espontânea.

O caminho da Ioga Integral não traça uma linha reta, mas em espiral, porquanto, como diz Sri Aurobindo, "para cada cota conquistada devemos voltar atrás a fim de fazer com que a nova iluminação e o novo poder incidam sobre os movimentos mortais que ocorrem embaixo".

Para cada passo que damos rumo à luz, segue-se um passo rumo à escuridão do inconsciente, pois o crescimento da consciência é circular, é uma totalidade, ampliando-se tanto para o alto como para o baixo, iluminando-o e purificando-o.

Esse é um fato muito elucidativo que nos ajuda a entender muitos dos nossos momentos de aparente crise, de inexplicável depressão, e nos revela a chave dos misteriosos fluxos e refluxos de nossa vida espiritual e interior. Além do mais, para a Ioga Integral o mal é apenas o "bem de cabeça para baixo", ou seja, é uma energia mal-empregada, utilizada de forma errônea devido ao nosso estado de inconsciência e ignorância.

Podemos, pois, transformar o chamado mal em bem, desde que tomemos consciência da energia que está por trás do erro e saibamos dirigi-la e canalizá-la para a direção ou meta correta.

A impureza é um erro funcional, como já tivemos oportunidade de dizer; portanto, todo o nosso esforço deve ser o de descobrir a *função correta* dos instrumentos do Eu e "tudo fazer", como diz a Mãe, "da maneira correta". Só assim poderemos transformar a nós mesmos e reencontrar a unidade com o Eu, numa maravilhosa totalidade de todo o nosso ser dedicado ao Divino.

CAPÍTULO 15

Do IV ao V Reino

O que ficou dito nos capítulos anteriores deixa claro que a fase evolutiva representada pelo nível humano tem um significado-chave no grande quadro da evolução cósmica. De fato (conforme já tivemos oportunidade de dizer), o dever e o privilégio do homem consistem em representar o ponto de encontro do Espírito com a Matéria, do Infinito com o finito. Tal encontro produz uma situação particular de caráter dinâmico e criativo, porque o Espírito e a Matéria representam dois pólos opostos que num primeiro momento estão em conflito e em seguida, gradativamente, se integram e se fundem, dando vida a um terceiro elemento: a consciência do Eu.

O homem é o instrumento e o terreno adequado onde essa relação dinâmica pode desenvolver-se, pois é nele, e somente nele, que a Vida Divina tem condições de se transformar em consciência e individualizar-se, tornando-se *consciente de si mesma.*

Assim, o ciclo humano, o Quarto Reino da natureza, representa um estágio de transição e transformação, uma fase de preparação para um novo reino, o Quinto, o dos Homens Verdadeiros, completamente despertos, que poderão promover a manifestação da Vontade Divina.

O homem, tal como ele é agora, é um "ser de transição" que, por meio de suas lutas, sofrimentos, maturações e tomadas de consciência, fará brotar de si mesmo o ser novo, a criatura do próximo ciclo evolutivo.

As doutrinas esotéricas afirmam que já estão entre nós alguns desses Homens Novos, representantes do Quinto Reino, completamente despertos e fundidos com a Alma. Tais homens representam uma minoria que, entretanto, pode ser considerada o "sal da terra" porque, embora permanecendo quase sempre na sombra e trabalhando por trás do véu, ela ajuda a humanidade a evoluir, a sair das trevas da ignorância e da inconsciência com sua silente, mas poderosa radiação com a força do seu amor e do seu pensamento criativo.

Tanto no Oriente como no Ocidente, desde os mais remotos tempos, sempre houve uma intuição desse encargo particular do homem, anunciado e representado simbolicamente pelo sacrifício de todos os Avatares e, de maneira culminante, por Cristo.

Sempre se ensinou, em todas as Escolas Esotéricas, que o homem é o microcosmo que reflete em si o macrocosmo e representa o "Grande Livro da Natureza", que deve ser lido e interpretado para que se possa compreender as leis divinas e cósmicas e apreender um fragmento que seja do Grande Propósito Divino.

A consciência dessa verdade não nos deve enfatuar, mas fazer-nos aceitar a vida com todas as suas provações, aparentes injustiças, sofrimentos e mistérios, e infundir-nos confiança e levar-nos a aderir por inteiro à nossa tarefa e ao nosso alto destino.

Por tudo o que ficou dito é fácil compreender a razão pela qual a evolução da humanidade é muito lenta e gradual e se desenvolve ao longo de milênios e milênios, abarcando muitas vidas com várias fases e níveis.

Talvez seja útil sintetizar essas fases em três grandes subdivisões, como segue:

1. Uma primeira fase em que a evolução diz respeito quase exclusivamente à organização, qualificação e desenvolvimento dos três veículos pessoais, que ocorrem por efeito de estímulos exteriores provenientes das diversas experiências da vida e dos contatos com o mundo objetivo.

Essa primeira fase pode subdividir-se em dois períodos: um em que o desenvolvimento dos veículos ocorre de maneira inconsciente e outro em que o homem começa a ter consciência desse desenvolvimento e o favorece. Esse crescimento, entretanto, não se refere ao despertar do aspecto espiritual, de que o homem ainda não tem consciência, mas ao lado "psicológico", digamos assim, dos veículos e à sua expressão no nível humano.

2. Uma segunda fase em que ocorre um "salto qualitativo"; ou seja, uma gradativa superação de condicionamentos, apegos e ilusões, enquanto vai despertando uma profunda exigência de purificação e refinamento. É o início da "transformação", que acontecerá gradativamente e redundará na superação do eu egoísta, factício e falso, assim como no surgimento de um centro de autoconsciência livre, autêntico e sobretudo mais aderente à realidade do Eu.

Essa fase pode durar muito tempo e está semeada de crises, de lutas, a separações e sofrimentos que, entretanto, são interpretados em seu significado correto e em seu valor real e utilizados para fins evolutivos. O homem começa a intuir qual é o verdadeiro objetivo da vida e quais são os valores essenciais. Começa a entender que existem leis divinas e surge nele a exigência de conhecê-las. Aos poucos, desperta nele a sensibilidade a outras dimensões de vida, que transcendem a dimensão puramente material, e ele percebe que "vive" também nessas outras dimensões, ainda que não tenha plena consciência delas. Despertam nele capacidades e faculdades que o tornam cada vez mais sensível e receptivo a vibrações, estados de consciência e energias que antes ignorava... Em outras palavras, iniciou-se a "transformação".

O homem novo está a transformar-se lentamente, enquanto uma nova consciência vai despertando nele. Esse processo, obviamente, é muito gradual, mas uma vez iniciado não pode mais parar, embora se desenvolva numa sucessão em que períodos de progresso rápido se seguem a períodos de aparente imobilidade e regressão. O crescimento e a transformação, na verdade, não seguem um caminho linear, mas um caminho em espiral, e por isso parecem imprevisíveis e tortuosos.

3. Uma terceira fase tem início com o despertar da consciência do Eu, que traz uma reviravolta total na visão da vida e sobretudo uma profunda mudança de consciência. Graças a esse despertar o homem pode acelerar o seu processo de transformação e ingressar nas fileiras dos que estão às portas do Quinto Reino, porque as energias que compõem os seus veículos, como dissemos nos capítulos anteriores, se unem gradualmente com as do Eu. Os centros etéricos inferiores, mediante um processo de sublimação, identificam-se com os superiores; já não há dualidade, já não há cisão e conflito, mas um alinhamento perfeito entre a personalidade e o Eu.

No entanto essa fase, embora represente uma consecução muito elevada, não constitui o ponto alto do processo evolutivo do homem, mas um "ponto de virada" específico, um novo início. Com efeito, o despertar da consciência do Eu é chamado "primeira iniciação" ou "segundo nascimento", pois quem o alcançou é um *homem novo,* que se está preparando para ingressar num Novo Reino.

Neste ponto ocorre-nos uma pergunta espontânea: "Como serão esses homens novos que se estão preparando para o V Reino? Quais serão as suas características?"

O fato fundamental que os caracterizará será a completa unificação do Eu com a personalidade. A energia espiritual terá permeado todos os três veículos, produzindo purificações e transformações precisas.

Não mais haverá o dualismo e o conflito entre Espírito e Matéria, mas uma fusão total, pois terá ocorrido o "matrimônio nos Céus".

Essa fusão trará muitas consequências e manifestações positivas, entre as quais, em primeiro plano, o surgimento da "consciência de grupo". De fato, os Homens Novos que estão preparando o advento do V Reino terão superado a consciência do eu separado. Não serão mais autocentrados, mas abertos e sensíveis aos problemas de toda a humanidade, da qual se sentem parte. Surgirá neles de forma espontânea, o impulso para o serviço, que é um dos efeitos principais do despertar do Eu.

Muita coisa ainda poderia ser dita sobre este assunto, mas por ora bastam estas poucas palavras para fazer-nos compreender a importância do nível evolutivo chamado "humano" e inteirar-nos da maravilhosa tarefa que temos pela frente: evoluir e unir a nossa natureza inferior com a superior, transformar e "redimir" a matéria para dar vida ao Novo Reino onde o Homem realizado poderá, afinal, demonstrar que é um Filho de Deus.

*　　*　　*

INVOCAÇÃO AO EU

Ó Tu, que és eu mesmo,
Centro luminoso do meu ser,
Centelha Divina do Todo,
Manifesta-te na minha mente
como Luz e Conhecimento.
Revela-te no meu coração
como Amor e Unidade.
Expressa-te no meu corpo
como atividade ordenada.
Usa de toda a minha personalidade
como canal e instrumento de serviço.
Dá-me a intuição para entender o Teu Propósito
e a Vontade para realizá-lo.
Desperta a minha consciência
para que eu possa afinal
reconhecer a mim mesmo e afirmar
"EU SOU TU".

Bibliografia

AUROBINDO: *La sintesi dello yoga* – Vol. I, II e III – Ed. Astrolabio.

A.A. BAILEY: *Trattato di Magia Bianca* – Ed. Nuova Era.

A.A. BAILEY: *L'Anima e il suo meccanismo* – Ed. Nuova Era.

A.A. BAILEY: *Guarigione Esoterica* – Ed. Nuova Era.

A.A. BAILEY: *Telepatia e il veicolo eterico* – Ed. Nuova Era.

BENDIT LAURENCE: *Lo specchio della vita e della morte* – Ed. Astrolabio.

BESANT ANNIE: *Le leggi fondamentali della teosofia* – Ed. Sirio.

BESANT ANNIE: *La Sapienza Antica* – Ed. Sirio.

H. CHAUDURI: *Yoga integrale* – Ed. Mediterranee.

LA SALA BATÀ ANGELA M.: *Il sentiero dell'aspirante spirituale* – Ed. Nuova Era. [*O Caminho do Aspirante Espiritual*, Editora Pensamento, São Paulo, 1983.]

LA SALA BATÀ ANGELA M.: *Dal sé inferiore al Sé Superiore* – Ed. Nuova Era. [*Do Eu Inferior ao Eu Superior*, Editora Pensamento, São Paulo, 1984.]

LA SALA BATÀ ANGELA M.: *Medicina psico-spirituale* – Ed. Nuova Era. [*Medicina Psico-Espiritual*, Editora Pensamento, São Paulo, 1984.]

LEADBEATER: *L'uomo visibile e l'uomo invisibile* – Ed.Sirio. [*O Homem Visível e Invisível*, Editora Pensamento, São Paulo, 1988.]

JINARAJADHASA: *Il mistero della vita e della forma* – Ed. Sirio.

A. OSBORNE: *Il senso dell'esistenza personale* – Ed. Astrolabio.

A. POWELL: *Il doppio eterico* – Ed. Sirio. [*O Duplo Etérico*, Editora Pensamento, São Paulo, 1973.]

A. POWELL: *Il corpo astrale* – Ed. Sirio. [*O Corpo Astral*, Editora Pensamento, São Paulo, 1983.]

A. POWELL: *Il corpo mentale* – Ed. Sirio. [*O Corpo Mental*, Editora Pensamento, São Paulo, 1983.]

RAMACHARAKA: *Le quattordici lezioni di filosofia yoga* – Ed. Mediterranee. [*Catorze Lições de Filosofia Yogue*, Editora Pensamento, São Paulo.]

SATPREM: *L'avventura della coscienza* – Ed. Galeati.

VIVEKANANDA: *Yoga pratici* – Ed. Astrolabio.

VIVEKANANDA: *Jnana Yoga* – Ed. Astrolabio.

DO EU INFERIOR AO EU SUPERIOR

Angela Maria La Sala Batà

O objetivo da vida é a gradual manifestação do Eu Espiritual, isto é, o despertar da consciência espiritual latente em nós. Sabemos que dentro de nós existe essa centelha divina, essa essência espiritual, que é a nossa verdadeira natureza e que chamamos de Alma, Eu Espiritual, Eu Superior — não importa o nome — mas sabemos que ela existe, que essa é a nossa verdadeira realidade, a nossa verdadeira individualidade.

No entanto, a união com essa Alma, com esse Eu Superior é a última coisa em que pensamos, talvez porque, no fundo de nós mesmos, existe a convicção de que a dedicação à vida do Espírito significa afastar-se do mundo, negligenciar os deveres familiares e sociais, fechar-se em si mesmo, abandonar o trabalho para retirar-se numa espécie de "torre de marfim".

Com esta obra a autora visa demonstrar o erro desta convicção, provando que a mudança que devemos fazer é essencialmente interior e que podemos muito bem dedicar-nos à obra do reencontro conosco mesmos sem descuidar nenhum dos nossos deveres, nem mudar nada no nosso relacionamento com o mundo.

EDITORA PENSAMENTO

MEDICINA PSICO-ESPIRITUAL

Angela Maria La Sala Batà

Este livro é uma indagação sobre as verdadeiras causas da doença e sobre o seu significado evolutivo e espiritual.

Profundamente convencida de que o estado de desarmonia a que chamamos de "doença" esconde uma mensagem que deve ser decifrada e de que o sofrimento que nos atinge tem significados e finalidades mais profundos e amplos do que os que vemos à superfície, a Autora expõe nesta obra o resultado de suas reflexões e experiências, remontando sempre do sintoma físico para o problema subjetivo e interior que ele subentende.

O título do livro — *Medicina Psico-Espiritual* — exprime uma tentativa de criar uma ponte entre a Medicina do Ocidente e a Medicina do Oriente, entre a interpretação psicossomática, que se baseia na psicologia profunda, e a visão intuitiva da Medicina Esotérica, que vê o homem como um centro de Consciência Espiritual que procura expressar-se por meio de um corpo e de uma psique vistos como um agregado de energias.

Como em todos os seus livros, a Autora usa uma linguagem acessível, obediente a uma norma que ela própria estabelece nas primeiras páginas deste volume: *"O dever do estudioso do esoterismo, hoje, é o de estar no mundo e não o de abstrair-se dele, e de levar ao mundo o conhecimento e a luz que ele possui, tornando-se intérprete das verdades ocultas e traduzindo-as em termos compreensíveis e aceitáveis."*

EDITORA PENSAMENTO

O HOMEM E OS SEUS CORPOS — *Annie Besant*

De que a constituição do homem é complexa, não resta a menor dúvida a nenhuma Religião, Filosofia ou Ciência. Neste livro se analisam detalhadamente o homem e seus diversos corpos simultâneos, indicando o método de discipliná-los e desenvolvê-los. Desse estudo e sua aplicação nascerá uma personalidade sadia, forte, flexível e durável.

O FOGO CRIADOR — *J. J. van der Leeuw*

Este livro aborda e desenvolve, em estilo moderno e ameno, antigos e empolgantes temas metafísicos, religiosos, filosóficos e psicológicos. Alguns desses temas são: O Espírito Santo como o Criador; o Ritmo da Vida; O Divino Ritual; O Universo Dinâmico; A Divina Alquimia; O mundo da Mente Divina; A Maternidade de Deus etc. Dotado de uma profunda penetração intelectual e intuitiva, o autor nos conduz a um mundo superior, dinâmico, donde obtemos um vislumbre da maravilhosa Vida Divina manifestada numa infinita variedade de formas. Lê-lo, estudá-lo e vivê-lo é adquirir uma visão mais esperançosa da vida individual e coletiva, e criar um mundo novo ao redor de si.

O CRISTIANISMO ESOTÉRICO — *Annie Besant*

Cientificamente, é o tratado mais completo, mais compreensivo e mais lúcido sobre a grande religião cristã. É um estudo da vida de Cristo sob três aspectos: o mitológico, o histórico e o místico. Ademais, analisa os diversos sacramentos, suas razões e seus efeitos ocultos e espirituais nos fiéis religiosos. É uma obra que interessa a todos, cristãos e não-cristãos.

EDITORA PENSAMENTO

O CORPO CAUSAL E O EGO

Arthur E. Powell

Este volume faz parte da série de obras escritas por Arthur E. Powell no sentido de ordenar e de classificar o conhecimento oculto sobre os corpos mais sutis do homem, facilitando assim o caminho para os que desejam adquirir um conhecimento mais abrangente daquilo que podemos chamar de aspectos técnicos da Teosofia moderna.

Suas obras anteriores — *O Duplo Etérico, O Corpo Astral* e *O Corpo Mental,* já publicadas pela Editora Pensamento — completam-se agora com este estudo — *O Corpo Causal e o Ego* — que, entre outros temas, aborda os seguintes: a origem e o nascimento do corpo causal, suas funções, sua composição e estrutura e a parte da vida depois da morte passada nesse corpo nos mundos celestiais superiores. Esse estudo se conclui com a análise mais detalhada da entidade, ou seja, do Ego que habita e utiliza esse corpo e que dele se projeta, personalidade após personalidade, durante todo o ciclo de reencarnações.

O amplo desenvolvimento dado ao tema deve-se ao fato de que, enquanto os corpos etérico, astral e mental existem durante uma única encarnação, o que equivale a dizer: *são mortais,* o corpo causal persiste durante toda a evolução do homem, passando por muitas encarnações e sendo, por conseguinte, relativamente *imortal.*

Trata-se, sem dúvida, de um estudo moderno, cheio de sugestões, sobre um dos veículos mais sutis do homem e que, sem dúvida, permitirá que o estudioso de Teosofia obtenha um amplo panorama da evolução humana, mostrando-lhe, na perspectiva exata, a parte que nela desempenha cada um dos seus quatro corpos mais sutis.

EDITORA PENSAMENTO

AUXILIARES INVISÍVEIS
C. W. Leadbeater

Um manual empolgante, por suas descrições das atividades, algumas dramáticas, dos Auxiliares Invisíveis no mundo astral. Adiciona um informe sucinto dos requisitos necessários aos que sonham ingressar no grupo desses auxiliares. É um repositório de fé e confiança para todas as almas.

O FOGO CRIADOR
J. J. van der Leeuw

Este livro aborda e desenvolve, em estilo moderno e ameno, antigos e empolgantes temas metafísicos, religiosos, filosóficos e psicológicos. Alguns desses temas são: O Espírito Santo como o Criador; O Ritmo da Vida; O Divino Ritual; O Universo Dinâmico; A Divina Alquimia; O Mundo da Mente Divina; A maternidade de Deus, etc. Dotado de uma profunda penetração intelectual e intuitiva, o autor nos conduz a um mundo superior, dinâmico, donde obtemos um vislumbre da maravilhosa Vida Divina manifestada numa infinita variedade de formas. Lê-lo, estudá-lo e vivê-lo é adquirir uma visão mais esperançosa da vida individual e coletiva, e criar um mundo novo ao redor de si.

O CRISTIANISMO ESOTÉRICO
Annie Besant

Cientificamente, é o tratado mais completo, mais compreensivo e mais lúcido sobre a grande religião cristã. É um estudo da vida de Cristo sob três aspectos: o mitológico, o histórico e o místico. Ademais, analisa os diversos sacramentos, suas razões e seus efeitos ocultos e espirituais nos fiéis religiosos. É uma obra que interessa a todos, cristãos ou não-cristãos.

EDITORA PENSAMENTO

Outras obras da autora:

O CAMINHO DO ASPIRANTE ESPIRITUAL

O DESENVOLVIMENTO DA CONSCIÊNCIA

DO EU INFERIOR AO EU SUPERIOR

O ESPAÇO INTERIOR DO HOMEM

O EU E O INCONSCIENTE

GUIA PARA O CONHECIMENTO DE SI MESMO

MATURIDADE PSICOLÓGICA

MEDICINA PSICO-ESPIRITUAL

À PROCURA DA VERDADE

OS SETE TEMPERAMENTOS HUMANOS

Outras obras de interesse:

CARTAS SOBRE MEDITAÇÃO OCULTISTA
Alice A. Bailey

O REAPARECIMENTO DO CRISTO
Alice A. Bailey

O CORPO ETÉRICO DO HOMEM
Lawrence Bendit

O HOMEM VISÍVEL E INVISÍVEL
C. W. Leadbeater

O HOMEM: DONDE E COMO VEIO E PARA ONDE VAI?
C. W. Leadbeater

O CORPO MENTAL
Arthur E. Powell

O CORPO ASTRAL
Arthur E. Powell

O DUPLO ETÉRICO
Arthur E. Powell

O CORPO CAUSAL E O EGO
Arthur E. Powell

CATORZE LIÇÕES DE FILOSOFIA YOGUE
Yogue Ramacháraca

OS SETE PRINCÍPIOS DO HOMEM
Annie Besant

O HOMEM E SEUS CORPOS
Annie Besant

Peça catálogo gratuito à
EDITORA PENSAMENTO
Rua Dr. Mário Vicente, 374 – Fone: 272-1399
04270-000 – São Paulo, SP